小学校英語活動
アイディアバンク

ソング・ゲーム集

樋口忠彦・衣笠知子 編著

教育出版

はしがき

　英語活動を実施する小学校が増えるにつれ、TV や新聞で授業風景が報道されることが多くなりました。そしてこれらの報道は、判を押したように、「児童は目を生き生き輝かせ、英語学習を楽しんでいる」といったコメントがなされています。

　ところが編著者は、このような授業風景を見て、「児童の目の輝きはいつまで続くのだろうか？」と考えこむ場合が多々あります。児童にとって"遊び"は楽しいものであり、楽しければ目を輝かせて生き生き活動するのは当然のことです。英語活動で"遊び"や"楽しさ"は不可欠です。しかし英語活動でもっと大切なことは、高学年になっても中学生になっても、「英語をもっと学びたい、外国のことをもっと知りたい、世界の人々とやりとりができるようになりたい」と願い続ける態度を育むことです。このような英語学習に対する態度は、「英語でこんなことができるようになった」といった進歩感や達成感なしには育ちません。将来につながる英語学習に対する積極的な態度を育成するには、「児童が面白そうだととびつき、楽しくて夢中になる、その結果、いつの間にか英語が身につく」活動に取り組ませることです。楽しさとともに、何度も聞いたり、歌ったり、話したりすることによって、いつの間にか英語を身につけることが重要です。

　本書は、児童が英語活動の楽しさを存分に味わい、いつの間にか英語を身につける「英語 楽習（がくしゅう）」のための活動をソング、ゲームを中心に紹介し、先生がたに明日の授業からご活用いただくことが目的です。それゆえ、すべてのソング、ゲームに活動の目的、進め方、指導上の留意点を具体的、簡潔に示しております。また先生ご自身が「英語 楽習（がくしゅう）」教材を開発する際にヒントを得ていただくために、応用発展活動という項目を設けました。CD や豊富なイラストとともにご活用ください。

　本書中の精選に精選を重ねた23曲のソング、26種類のゲームが、「児童が英語活動を楽しみ、生き生きと英語を使う」授業づくりに大いに役立つことを願っております。

　最後に、本書の刊行にあたりお世話になった教育出版社長の小林一光氏、および同社出版企画部の平林公一氏に心よりお礼を申し上げます。

　　　　　　　　　　　　　　　　　　　　　　　　　　平成16年元旦
　　　　　　　　　　　　　　　　　　　　　　　　編著者　樋口忠彦、衣笠知子

contents

はしがき 2

CDの内容
song編：歌詞朗読・歌・カラオケ
game編：単語・表現

song

CD-❷→CDのトラック番号

はじめに 5

あいさつのうた — Good Morning CD-❷❸❹	低・中・高学年 1	6
あなたの名前は？ — What's Your Name? CD-❺❻❼	低・中学年 1	7
10本のゆびのうた — Ten Little Fingers CD-❽❾❿	低・中学年 2	8
アルファベットのうた — The Alphabet Song CD-⓫⓬⓭	低・中・高学年 2	9
曜日のうた — Days of the Week CD-⓮⓯⓰	低・中・高学年 3	10
いろ — Colors CD-⓱⓲⓳	低・中学年 3	11
いっしょに遊ぼう — Little Friends Come with Me CD-⓴㉑㉒	低・中学年 4	12
月のうた — 12 Months of the Year CD-㉓㉔㉕	低・中・高学年 4	14
頭と肩、ひざとつま先 — Head and Shoulders, Knees and Toes CD-㉖㉗㉘	低・中学年 5	16
動物のうた — Animal Song CD-㉙㉚㉛	低・中学年 6	18
スキップしよう！— Skip to My Lou CD-㉜㉝㉞	低・中学年 7	20
雨さん、雨さん、行っておくれ — Rain, Rain, Go Away CD-㉟㊱㊲	低・中学年 8	22
くまさん、くまさん — Teddy Bear CD-㊳㊴㊵	低・中学年 9	24
バスの車輪はくるくる回るよ — The Wheels on the Bus CD-㊶㊷㊸	低・中学年 10	26
こんなふうにするんだよ — This is the Way CD-㊹㊺㊻	中・高学年 1	28
ホーキー・ポーキー — The Hokey-Pokey CD-㊼㊽㊾	中・高学年 2	30
幸せなら手をたたこう — If You're Happy CD-㊿5152	中・高学年 3	32
足長水兵さん — Long-Legged Sailor CD-535455	中・高学年 4	34
大きな船がゆくよ — The Big Ship Sails CD-565758	中・高学年 5	36
鈴を鳴らそう！— Ring the Bells CD-596061	中・高学年 6	38
ビンゴ — Bingo CD-626364	中学年 1	40
ドレミのうた — Do-Re-Mi CD-656667	高学年 1	41
線路は続くよ、どこまでも — I've Been Working on the Railroad CD-686970	高学年 2	42

game

はじめに		45
ダイナマイト・ナンバー・ゲーム — Clapping Game **CD-71**	低・中学年 1	46
農場の仲間探しゲーム — Barnyard **CD-72**	低・中学年 2	47
フルーツバスケット — Fruit Basket **CD-73**	低・中学年 3	48
サイモン君の命令ゲーム — Simon Says **CD-74**	低・中学年 4	49
スナップ・ゲーム — Snap! **CD-75**	低・中学年 5	50
同じスポーツが好きな友だちは？ — Birds of a Feather **CD-76**	低・中学年 6	51
カラー・タッチ・ゲーム — Color Game **CD-77**	低・中学年 7	52
袋に入っている動物は？ — Interview & Guessing Game **CD-78**	低・中学年 8	54
オオカミさん、いま何時？ — What time is it, Mr. Wolf？ **CD-79**	中学年 1	55
身体で数珠つなぎ — Sticky Game **CD-80**	中学年 2	56
どの楽器を演奏できる友だちが多いかな？ — Interview Game **CD-81**	低・中学年 9	57
トランプで算数ゲーム — Math Game **CD-82**	中・高学年 1	58
宝物探しゲーム — Hot and Cold **CD-83**	中・高学年 2	59
感情表現ジェスチャー・ゲーム — Gesture Game **CD-84**	低・中学年 10	60
連想ゲーム－クッキング編 — Association **CD-85**	中・高学年 3	62
借り物競争 — Borrowing Game **CD-86**	中・高学年 4	64
20の扉－動物編 — Twenty Questions **CD-87**	中・高学年 5	65
神経衰弱－学用品、日常生活用品 — Concentration **CD-88**	中・高学年 6	66
日課カルタ — Playing Cards **CD-89**	高学年 1	68
6つの間違い探し — Spot the Differences **CD-90**	高学年 2	70
職業ビンゴ — Bingo **CD-91**	高学年 3	72
ワニさん、川を渡らせて — Mr. Crocodile **CD-92**	中・高学年 7	74
アルファベット4目並べゲーム — Tick-Tack-Toe **CD-93**	高学年 4	76
どれが違うかな — Find the Odd One Out **CD-94**	中・高学年 8	78
自己表現すごろく — Backgammon **CD-95**	中・高学年 9	80
スイカ割り — Giving Directions **CD-96**	高学年 5	82

はじめに

　小学校の英語活動のアクティビティで、うたはゲームと並んで大きな役割を担っています。それは、うたを使う活動が、英語活動で重視される「楽しい活動」に繋がりやすいからであり、また、うたの言語習得上の意義が考えられてのことです。英語圏のうたは、英語の言語構造を土台としており、英語特有のリズム・アクセント・抑揚・調子などに触れることのできる教材です。また、英語を知識として学ぶ以前に、うたの中で、単語や定型表現を覚え、英語の文法構造に触れることができます。

　さらに、英語圏で生まれたうたには、英語文化圏ならではのもののとらえ方や身体表現が含まれており、そのようなうたを楽しむ活動には、「異文化に触れる」要素が内在しています。英語活動で「外国語や異文化に心を打たれ共感する体験」は大切です。英語や異文化に身を投じ、味わい、響き合い、共感する経験をともなってこそ、英語への関心や、異文化を尊重する心が芽生えます。

　このパートでは、基本的な単語や表現の導入や定着を助けるうた、英語のうたそのものを味わい楽しむうたなど、合計23曲のうたを具体的な活動例とともに紹介します。

低・中・高学年 1

あいさつのうた
Good Morning

CD-②③④

歌　詞

Good morning to you.
Good morning to you.
Good morning, everybody.
Good morning to you.

原題：HAPPY BIRTHDAY TO YOU
Words & Music by Mildred J. Hill & Patty S. Hill
© 1935 by SUMMY-BIRCHARD MUSIC INC.
All rights reserved. Used by permission.
Print rights for Japan assigned to YAMAHA MUSIC FOUNDATION

意　味

おはよう　を　きみに
おはよう　を　あなたに
おはよう　みんな
おはよう　を　きみたちに

ねらい

　朝のあいさつのうたです。歌詞の"Good morning"を"Good afternoon"に替えると、午後のあいさつのうたにもなり、午前・午後どちらにも授業の始めのうたとして活用できます。授業の始めに歌ううたは、楽しい授業の始まりの合図です。児童の緊張を解き、英語の世界に児童をいざなう楽しい雰囲気が生まれます。

解　説

　このうたのメロディーは"Happy Birthday"です。耳になじみのあるメロディーに乗せると、慣れない英語のうたも易しく歌えます。
　歌詞の"you"は、「きみ」「あなた」「きみたち」「あなたたち」など、二人称の単数・複数どちらも意味することばです。歌いながら、児童一人一人、あるいは全員を手で指したり、視線を投げかけ、ことばの意味をさりげなく児童に伝えてください。

活動の進め方

① 1行ずつ、歌詞の発音練習をします。
② CDを聞きます。
③ 先生が1小節ずつ歌い、児童はそれについて歌います。
④ CDに合わせて一緒に歌います。
⑤ 児童たちが歌えるようになれば、うたを2回繰り返して、先生と児童が交互に歌います。
　最初に先生が全曲歌います。（1番）
⑥ 次に児童は、"everybody"のところを"Mr./Ms. Yamada"のように先生の名前に替えて歌います。（2番）

発　展

　歌詞の"Good morning"を"Good-bye"に替えると、授業の終わりのうたに応用できます。
　また、歌詞の"everybody"のところは、"dear children"、"dear friend(s)"など、必要に応じて替えて歌うこともできます。ゲストを迎えての交流会などでは、Mr./Ms.＿＿＿＿とゲストの名前に替えることによって、歓迎のうた・お別れのうたとしても活用できます。

低・中学年 1

あなたの名前は？
What's Your Name?

CD-❺❻❼

🎵 歌　詞

What's your name?	Yoshio.
What's your name?	Akiko.
What? What? What? What?	
What? What? What? What?	
What's your name?	(Takashi)

🎵 意　味

あなたの名前はなに？	よしお
あなたの名前はなに？	あきこ
なに？　なに？　なに？　なに？	
なに？　なに？　なに？　なに？	
あなたの名前はなに？	（たかし）

🎵 ねらい

　歌いながら、名前のたずね方と答え方の定着を図ります。「かえるの合唱」のメロディーで、楽しく繰り返し歌います。英語の学習の雰囲気作りや、ウォームアップに歌いましょう。

🎵 解　説

　相手を指すとき、人差し指で指すと不快な印象を与えることがありますから、手で指し示すようにします。

🎵 活動の進め方

① 名前のたずね方と答え方を練習します。この時、相手をしっかり見て、返答できるようにします。
② 「かえるの合唱」のメロディーで、先生が "What's your name?" とたずね、児童が苗字を言わず自分の名前だけを答えるようにします。
③ 返答が聞こえなかった場合は、その児童にもう一度たずねるようにします。
④ はじめはゆっくり歌い出し、だんだん速くしていきます。メロディーに乗って楽しく歌います。
⑤ 最後に名前を答えた児童に、先生が "Hello, Takashi." と言いながら握手をすると、活動がさらに生き生きとします。

🎵 発　展

　歌詞を替え、年齢のたずね方と答え方に応用することもできます。

How old are you?　I am eight.
How old are you?　I am nine.
How old are you?
I'm eight.　I'm nine.
I am nine.

（作曲：岡本敏明）

低・中学年 2

10本のゆびのうた
Ten Little Fingers

CD-⑧⑨⑩

歌　詞

One little, two little,
Three little fingers,
Four little, five little,
Six little fingers,
Seven little, eight little,
Nine little fingers,
Ten fingers wiggling on my hands.

意　味

1本、2本
3本のかわいい指
4本、5本
6本のかわいい指
7本、8本
9本のかわいい指
全部で10本　手の上で揺れている

ねらい

　数字のうたです。歌いながら数の言い方を覚えましょう。指を使って、一つ、二つ…と順に数えながら歌ううたですから、低学年の児童にも覚えやすく、また、数字の定着に役立ちます。指遊びのように、楽しみながら歌ってください。

解　説

　このうたは "Ten Little Indians" の替え歌です。歌詞の最後の行の "wiggling" は、「小刻みに動いている（wiggle = 小刻みに動かす）」という意味です。
　指を使って数を数える際の指の使い方は、英語圏と日本では異なります。日本では開いた手の指を右手の親指から順に折っていきますが、英語圏では、握った（閉じた）手の指を右手の親指から順に立てていきます。このうたは英語圏の数え方に合わせて数えながら歌う指遊びうたです。自文化と異文化の数の数え方の違いを楽しみながら歌ってください。

活動の進め方

① 1〜10の数字のカードを順に示しながら、発音練習をします。
② 1〜10までの数字が英語でほぼ言えるようになれば、今度は両手の指を使って数を言います。(解説参照)
③ CDを聞きます。先生はCDのうたに合わせて、順に指を立てて数を示しながら、最後に10本の指をぶるぶる動かし、このうたの指遊びの方法を児童に紹介します。
④ 先生はもう一度、1小節ずつゆっくり歌いながら、③の指遊びをして児童に見せます。
⑤ 先生について、児童も歌いながら指遊びをします。
⑥ もう一度CDをかけ、CDに合わせて一緒に歌いながら、指遊びをします。

発　展

　1〜10まで指遊びをしながら歌えるようになれば、10〜1へ数を減らしながら、次の「2番」を歌います。
　Ten little, nine little,
　Eight little fingers,
　Seven little, six little,
　Five little fingers,
　Four little, three little,
　Two little fingers,
　One finger saying "Good-bye."
　開いた状態の両手を10〜1に逆に数えるときは、左手の親指から順に指を折っていきます。最後の「1」は右手の小指です。"Good-bye" と歌いながら、右手の小指を動かします。

低・中・高学年 ②

アルファベットのうた
The Alphabet Song

CD-⑪⑫⑬

🎼 歌　詞

A, B, C, D, E, F, G,
H, I, J, K, L, M, N,
O, P, Q, R, S, T, U,
V, W, X, Y, Z.
Now I know my ABC's,
Won't you sing along with me?

🎵 意　味

A, B, C, D, E, F, G,
H, I, J, K, L, M, N,
O, P, Q, R, S, T, U,
V, W, X, Y, Z.
さあABCは覚えたよ
きみも一緒に歌わない？

🎼 ねらい

　アルファベットのうたです。歌いながらアルファベットを覚えましょう。よく知られたうたですが、発展例を参考に、変化やゲーム性をつけながら歌うことで、低学年から高学年まで飽きずに楽しめます。

🎵 解　説

　アルファベットのうたは、最後の2行の歌詞のバリエーションがとても多く、どれが古くからのもので、どれが新しく創られたものか区別が難しいほどです。ここでは、教室で歌うのによく合う歌詞の一つを紹介しています。

🎼 活動の進め方

① CDを聞きます。
② アルファベット26文字のカードを重ねて手に持ち、AからZまで1枚ずつ児童に見せながら、ゆっくり1文字ずつ発音練習します。
③ 次に、②同様にカードを見せながら、メロディーに乗せて、AからZまで歌います。
④ 歌詞の最後の2行を、先生は1行ずつ歌い、児童は繰り返します。
⑤ もう一度CDを聞きます。
⑥ CDに合わせて一緒に歌います。

🎵 発　展

　AからZまでを1人1文字ずつ歌い、「秘密の3文字」を歌った児童たちが最後の1行を歌う楽しみ方です。
① 先生はアルファベット26文字のカードを裏向きに重ねて持ち、児童の前で3枚抜きます。抜いたカードは児童に何の文字か見えないように裏に向けたまま黒板に並べます。
② 歌詞のAからZまでを、児童1人1文字ずつ、座っている順番、もしくは並んでいる順番に歌います。
③ 児童がZまで歌い終わったところで、先生は黒板の3枚のカードを表向けながら、"Now I know my ○○○'s"と3枚のカードをメロディーに乗せて読み上げます。
④ 先生が読み上げた3つの文字を歌った児童は手を挙げて、"Won't you sing along with me?"と3人で一緒に歌います。
　歌った3人の児童に次の3枚のカードを引いてもらい、①〜④を繰り返します。

低・中・高学年 3

曜日のうた
Days of the Week

CD-14 15 16

歌　詞

Sunday, Monday,
Tuesday, Wednesday,
Thursday, Friday, Saturday.

意　味

日曜日、月曜日
火曜日、水曜日
木曜日、金曜日、土曜日

ねらい

　1週間の曜日のうたです。ゆっくりとした歌いやすいメロディーに乗せて、曜日の名前を覚えましょう。このうたは何曜日から始めても、ある曜日を7回歌ってもメロディーに合います。

解　説

　曜日を英語で言うとき、Tuesday と Thursday の区別が児童には難しいようです。特に Thursday の "th[θ]" の音は、舌先を上下の歯で軽くはさんで息だけを出すように発音します。導入時に軽く発音指導をしてください。

活動の進め方

① 7枚の曜日の絵カードを用意し、Sunday から1枚ずつ示しながら、発音練習をします。なお、曜日の絵カードには児童がよく行う活動と曜日名を英語で入れておくとよいでしょう。
② CDを聞きます。先生は歌詞に合わせて曜日の絵カードを1枚ずつ示します。
③ 黒板に絵カードを Sunday から Saturday まで並べて貼ります。もう一度CDをかけて、先生はCDについて歌いながら、歌詞に合わせて絵カードを順に指し示します。
④ もう一度、今度は児童も一緒に歌います。
⑤ CDに合わせて一緒に歌います。

発　展

① Sunday から順番に、1つの曜日だけで全曲歌います。曜日名の定着と発音練習を兼ねた方法です。
　1番： Sunday, Sunday,
　　　　Sunday, Sunday,
　　　　Sunday, Sunday, Sunday.
　2番： Monday, Monday ...
　以下同様に、7番： Saturday, まで歌います。
② 十分歌えるようになったら、歌い始めの曜日を "Monday", "Tuesday"... と順に変えて、変化をつけて楽しみます。また、曜日の絵カードをアトランダムに1枚引いて、その曜日から歌い始めると、更にチャレンジングな活動になり大いに楽しめます。
　例1： Monday から歌う場合
　　　　Monday, Tuesday,
　　　　Wednesday, Thursday,
　　　　Friday, Saturday, Sunday.
　例2： 引いたカードが Friday の場合
　　　　Friday, Saturday,
　　　　Sunday, Monday,
　　　　Tuesday, Wednesday, Thursday.

いろ
Colors

低・中学年 3

CD-17 18 19

歌詞

Red, orange and yellow.
Green, blue and purple.
※Like a bridge in the sky
　You can see a rainbow.

Red, orange and yellow.
Green, blue and purple.
※Flowers bloom and gentle breeze
　Passing through a meadow.
（※くりかえし）

意味

赤　だいだい　黄色
緑　青　むらさき
空にかかる橋のよう
虹が見えるよ

赤　だいだい　黄色
緑　青　むらさき
花は咲きやさしいそよ風
野原をかけるよ

ねらい

　空に虹がかかり、色とりどりの花が咲いている美しい情景が目の前に浮かんでくるうたです。歌いながら、色の名前を覚えましょう。

解説

　日本では虹は7色と思われていますが、このうたのように6色であったり、5色ととらえる国もあります。国によって、人々が太陽を赤ととらえたり、オレンジや黄色ととらえたりするのと同じ現象です。

活動の進め方

① 赤、オレンジ、黄色、緑、青、むらさきの6色のカードを用意します。
② 色の名前を、カードを上げながら言います。
③ CDを聞きながら、カードを上げていきます。
④ 慣れればうたに合わせて踊ります。輪になり、"Red ～ purple."までは手を腰に当てて、体を左右に8回振ります。
⑤ "Like a bridge"で隣の人の手を取り、上に上げます。"in the sky"で手を下げます。"You can see a"で手を上げながら中へ進み、"rainbow."で手を下げながら後退します。

発展

① 輪になって座り、児童を6色のグループに分けます。
② それぞれの色の名前のところでうたに合わせて立っていきます。
③ "Like"からは「活動の進め方」と同じ踊りをします。
④ 2番は赤から順に座っていきます。
⑤ "Flowers ～ breeze"までは座ったままで、手を上げ下げします。
⑥ "Passing"からは好きなところへ座席を移動し、輪になって座ります。
⑦ もう一度歌いながら、各色混ざり合った輪の状態で、①のグループ分けした色にしたがって②同様に立っていきます。以下③～⑥を繰り返します。

低・中学年 4

いっしょに遊ぼう
Little Friends Come with Me

CD-20 21 22

🎵 歌　詞

Little friends come with me,
Hold my hands and play with me.
Up and down, up and down,
Turn around and back again.

With my hands I clap, clap, clap,
With my feet I tap, tap, tap.
Up and down, up and down,
Turn around and back again.

🎵 意　味

一緒に遊びましょう
手を取り合って遊びましょう
上げて下げて、上げて下げて
くるっとまわって　戻りましょう

手をたたきましょう
足をならしましょう
上げて下げて、上げて下げて
くるっとまわって　戻りましょう

🎵 ねらい

　全員で1つの輪を作るときに歌ううたです。輪になって、手を取り合って、上げたり下げたり、手をたたいたりして遊びます。いろいろな動作をしながら、みんなで一緒に英語のうたで遊ぶ楽しさを体験します。ウォームアップや輪の体勢作りにぴったりのうたです。

🎵 解　説

　このうたは日本の子どもたちにもよく歌われています。輪の中に誘い入れていくうた遊びはいくつかあります。"One Elephant Went Out to Play"（ぞうさんとくものす）もその一つです。このように歌いながら輪になっていくと、引き続き輪になって行うゲームをスムーズに始めることができます。

🎵 活動の進め方

① CDをかけます。先生はCDに合わせて"Little friends come with me,"と歌いながら、両手を大きく広げて、全員で1つの輪を作るように児童に促します。（もしくは、先生はうたの出だし"Little friends come with me,"が聞こえたら、輪になる合図であることを児童に知らせます。）

② "Hold my hands and play with me." で先生は、最寄の児童と手をつなぎ、輪を作っていきます。

③ "Up and down, up and down," で、つないだ手を2回上げ下げします。

④ "Turn around" で1歩左へ進み、"and back again." で1歩右に戻ります。

⑤ "With my hands I clap, clap, clap," で、手を3回たたきます。

⑥ "With my feet I tap, tap, tap." で、両足を交互に3回踏みならします。

⑦ 再び両隣の児童と手をとり、"Up and down, up and down," で③同様に手を上げ下げします。

⑧ ④と同じ動作をします。

いっしょに遊ぼう

① Little friends come with me,

② Hold my hands and play with me.

③ Up and down, up and down,

④ Turn around and back again.

⑤ With my hands
I clap, clap, clap,

⑥ With my feet
I tap, tap, tap.

発 展

① 1人の児童が輪の中に立ちます。まわりの児童は座っています。
② うたに合わせて、"Little friends come with me," のところで、輪の中の児童がまわりの児童を1人手まねきします。
③ "Hold my hands and play with me." で、2人で手を取り合います。続けて、うたに合わせて「活動の進め方」③～⑧の動作をします。
④ 次に、うたを歌い続けながら、輪の中の2人は、"Little friends come with me," のところで、まわりの児童を1人ずつ手まねきします。
⑤ "Hold my hands and play with me." のところで、手まねきされて輪の中に入った児童も加わり、合計4人で、手をつないで輪を作ります。
⑥ 4人の輪の児童は「活動の進め方」③～⑧を同様に続けます。
⑦ このように、まわりの児童全員が輪の中に入るまでうたを続けます。うたはすべて全員で歌います。

月のうた

12 Months of the Year

低・中・高学年 4

CD-23 24 25

歌詞

January, February, March and April,
May, June, July and August,
September, October, November and December,
These are 12 months of the Year.

意味

1月、2月、3月に4月
5月、6月、7月に8月
9月、10月、11月、12月
これが1年の12ヶ月なんだ

ねらい

月の名前のうたです。なじみのあるメロディーなので歌いやすく、何度も歌っているうちに、1月から12月までの月の名前が覚えられます。

解説

このうたのメロディーはアメリカ民謡です。日本では「静かな湖畔」の歌詞で輪唱歌として知られています。アメリカの子どもたちに "Eentsy Weentsy Spider" の手遊びうたとして歌われるのもこのメロディーです。ここでは月の名前の替え歌として紹介しました。

12ヶ月の絵カードは、外国の季節観がかかれたものを用いると日本との季節観の違いに触れることができ、異文化理解にもつながります。(右頁下段参照)

活動の進め方

① 12ヶ月の月の絵カードを用意し、January から1枚ずつ示しながら、発音練習をします。December まで終わったら、"These are 12 months of the year." と言います。
② CDを聞きます。先生はCDの歌詞に合わせて月の絵カードを1枚ずつ示します。
③ 黒板に絵カードを January から December まで並べて貼り、もう一度CDをかけます。先生は歌詞に合わせて絵カードを順に示しながら、CDについて歌います。歌詞の最後の行は12枚の絵カード全体を示しながら歌います。
④ 先生はもう一度歌い、今度は児童も一緒に歌います。
⑤ CDに合わせて全員で一緒に歌います。

発展

ほぼ歌えるようになれば、黒板に並べて貼っている月の絵カードを1枚ずつアトランダムに外していきます。絵カードを見なくても歌えるようになったことに気付き、児童の達成感が高まります。

① 黒板に12ヶ月の絵カードを January から December まで隙間なく並べて貼ります。
② 先生は児童に歌うように合図し、児童の歌声に合わせて、順にカードを指し示します。このとき、児童が歌い終わった月の絵カードをアトランダムに2枚ほど外します。
③ 歌い終わったら、先生は、再び January を指し示し、繰り返し歌い続けるように促します。先生は、児童の歌声に合わせて絵カードを指し示し、外された絵カードの空欄もあたかも絵カードがあるように指し示します。
（児童はメロディーに乗った一連の流れとして月の名前を覚えているので、絵カードがない箇所もたいていの場合歌えます。）
④ 児童は何度も繰り返し歌い、先生は絵カードをどんどん外していき、すべての絵カードがなくなるまで続けます。

12ヶ月の絵カード

January	February	March	April
May	June	July	August
September	October	November	December

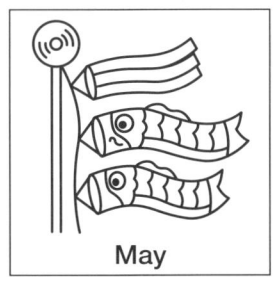

※ **外国の季節観**：米国を例に取り上げると、ポスターなどにかかれる一般的な季節観は次のようなものです。
1月：雪景色、2月：バレンタインカード、3月：風（風の強い月）、4月：雨（雨の多い月）、5月：花（花が多い月）、6月：緑と太陽（夏休みの始まりの月）、7・8月：海、山、キャンプ場の風景、9月：新学期、10月：ハロウィーン、11月：感謝祭、12月：クリスマス

低・中学年 5

頭と肩、ひざとつま先
Head and Shoulders, Knees and Toes

CD-㉖㉗㉘

歌　詞

Head and shoulders, knees and toes, knees and toes,
Head and shoulders, knees and toes, knees and toes,
And eyes and ears and mouth and nose,
Head and shoulders, knees and toes, knees and toes.

意　味

頭と肩、ひざとつま先、ひざとつま先
頭と肩、ひざとつま先、ひざとつま先
そして目と耳と口と鼻
頭と肩、ひざとつま先、ひざとつま先

ねらい

　体を動かしながら歌う楽しい遊びうたです。自然に体の部分の名前が覚えられます。
　neck、back、legs、chest、chin、belly、elbow、hair などを入れても楽しめます。

解　説

　イギリスの民謡からメロディーを取って作られた遊びうたです。体の部分をさわりながら、楽しく歌います。fingers は手の指で、toes は足の指です。
　shoulders、knees、toes、eyes、ears など、複数形の語尾の音 [z] を落とさないようにしっかり発音します。mouth の th [θ] の音にも注意を向けさせてください。

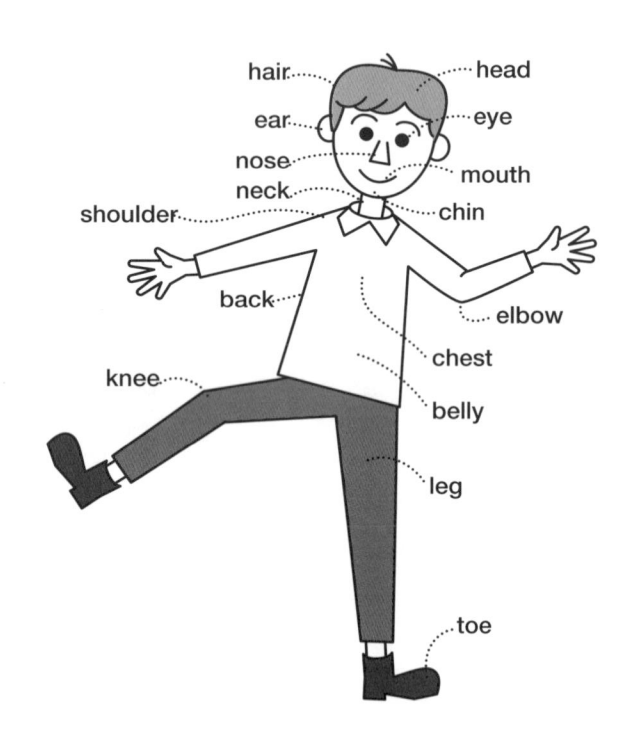

(body parts illustration: hair, head, ear, eye, nose, mouth, neck, chin, shoulder, back, elbow, chest, belly, knee, leg, toe)

頭と肩、ひざとつま先

🎵 活動の進め方

① 歌詞の体の部分を、"Touch your head." "Touch your shoulders." と言って、児童に両手で順番にさわらせます。

② 次にCDを聞いて、うたに合わせて体の部分をさわっていきます。

③ CDに合わせて、歌いながら体の部分をさわっていきます。

④ 慣れてきたらだんだん速く歌ったり、ゆっくり歌ったり変化をつけて楽しみます。

Head and shoulders,

knees and toes,

knees and toes,

And eyes   and ears   and mouth   and nose,

🎵 発　展

1. うたに合わせて、からだの部分をさわりながら歌う際、歌詞の体の部分の単語をわざと1つ声に出さないで歌います。声に出さない単語を徐々に増やします。最後は "and" のみを歌ってもおもしろくなります。

2. 2人ずつペアになって、向かい合わせに立たせます。そして、お互いに相手の体の部分をさわりながら歌います。ただし、eyes のところはそっと目のまわりをさわるように注意しておきます。

3. 49頁の「サイモン君の命令ゲーム（Simon Says）」に発展させてください。

低・中学年 6

動物のうた
Animal Song

CD-29 30 31

歌　詞

What does a dog say?	Bow-wow-wow!
What does a cat say?	Meow!
What does a mouse say?	Squeak! Squeak!
What does a cow say?	Moo!
What does a rooster say?	I don't know.
Cock-a-doodle-doo!	That's fun!

意　味

イヌはなんて鳴くの？	ワンワンワン！
ネコはなんて鳴くの？	ニャーオ！
ネズミはなんて鳴くの？	チューチュー！
ウシはなんて鳴くの？	モー！
オンドリはなんて鳴くの？	わからない。
コケコッコー！	おもしろい！

ねらい

　動物の鳴き声がどのように聞こえるかは、日本人と英語を母語とする人では異なります。歌いやすいメロディーに乗せて、身近な動物の鳴き声が英語圏の人々にはどのように聞こえるかがわかり、興味がかきたてられるうたです。

　それぞれの動物になったつもりで、表情やしぐさをつけ、掛け合いで歌うと、動物の名前や鳴き声が楽しく身につきます。

　慣れれば、他のいろいろな動物を取り上げてみましょう。（右頁参照）

解　説

　cow は雌ウシ、ox は雄ウシを指しますが、cow で一般的に牛を指します。なお、hen は雌鶏、rooster は雄鶏です。

　また、"I don't know." は、次の絵のように、肩をすぼめ両手を上げてお手上げということを示すジェスチャーをつけ、発話する場合が多いようです。

Words by Ogawa Keiko
Music by Abe Naoki

活動の進め方

① うたに登場する動物の絵カードを用意し、動物の名前を発音練習します。
② 絵カードを示しながら、鳴き声を言います。先生が言ってしまう前に、児童に鳴き声を言わせると、いっそう興味を高めます。
③ 絵カードを順番に示しながら、CDを聞きます。
④ CDに合わせて一緒に歌います。
⑤ 先生と児童、あるいは児童どうしのペアで、掛け合いで歌います。
⑥ それぞれの動物になる児童を決めて歌うこともできます。

発　　展

1 鳴き声の部分を、メロディーをつけずに声だけ出してみたり、動物のしぐさをつけたりすると、活動がさらにふくらみます。
2 47頁の「農場の仲間探しゲーム（Barnyard）」に発展させてください。

動物の絵カードと鳴き声

dog	cat	mouse	cow
bowwow	meow, meow	squeak, squeak	moo, moo

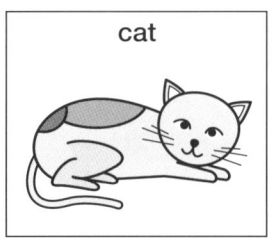

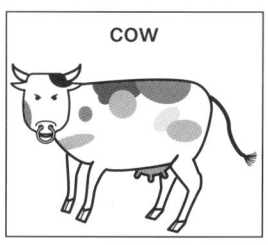

rooster	pig	sheep	duck
cock-a-doodle-doo	oink, oink	baa, baa	quack, quack

hen	chick	horse	pigeon
cluck, cluck	 chick, chick	neigh, neigh	coo, coo

動物のうた

スキップしよう！
Skip to My Lou

低・中学年 7

CD-32 33 34

歌詞

Lou, Lou, skip to my Lou,
Lou, Lou, skip to my Lou,
Lou, Lou, skip to my Lou,
Skip to my Lou, my darling.

Skip, skip, skip with me,
Skip, skip, skip with me,
Skip, skip, skip with me,
Skip to my Lou, my darling.

意味

あの子のところへスキップしよう
あの子のところへスキップしよう
あの子のところへスキップしよう
スキップしよう、あの子のところへ

私と一緒に、スキップ、スキップ
僕と一緒に、スキップ、スキップ
私と一緒に、スキップ、スキップ
スキップしよう、あの子のところへ

ねらい

いろいろな動詞をうたの中に歌い込んで、その動作をしながら楽しむうたです。新しい動詞の導入時に、また、既習の動詞のスパイラルな学習や復習に活用できます。

解説

"Skip to My Lou" は英語圏の伝承うたです。2番は、元うたでは "Lost my partner, what shall I do? ..." ですが、ここでは英語活動で活動しやすい歌詞を2番として紹介しました。

元うたの2番からもわかるように、本来、パートナー選びのうたでした。歌詞の "Lou" は、恋人を表す "love" の古い英語です。"skip to my Lou" は、「恋人のところへスキップしていく」というような意味です。

英語圏では歌いながらスキップしたり、スピン回りをしたり、いろいろな遊び方で子どもたちに親しまれています。

活動の進め方

① 全員で大きな1つの輪になります。
② 手をつないで、1番を歌いながら、うたのリズムに合わせて時計回りに回ります。
③ うたの1番の最後の "Skip to my Lou, my darling." のところで、7回手をたたきます。
④ 手を離したままで、2番を歌いながら、時計回りにスキップします。
⑤ 2番の歌詞の最後の "Skip to my Lou, my darling." のところで、③同様に7回手をたたきます。

スキップしよう！

① ② ③

④ ⑤

発　展

2番の歌詞の"skip"の部分を、次の例のように、いろいろな動詞に変えて、3番、4番…を作って動作をしながら楽しみます。

例：jump（ジャンプする）
　　hop（片足で軽く跳ぶ）
　　run（走る）

walk（歩く）
swim（泳ぐ）
fly（飛ぶ）
dance（踊る）
clap（手をたたく）

jump　　hop　　run　　walk

swim　　fly　　dance　　clap

雨さん、雨さん、行っておくれ
Rain, Rain, Go Away

低・中学年 8
CD-35 36 37

歌　詞

Rain, rain,
Go away.
Come again
Another day.
Little Johnny
Wants to play.

意　味

雨さん　雨さん
行っておくれ
ほかの日に
また来てね
ジョニー坊やが
遊びたい

ねらい

　メロディーがついてうたにもなっているマザーグースのナーサリーライムの一つです。ライムとは韻を踏んだ（語尾の音を合わせた）詩のことで、特に子どもが口ずさむライムはナーサリーライムと呼ばれています。韻を踏ませて詩を作ることは、英語の詩やうたの特徴です。このうたでは rain と again の [ein]、away、day、play の [ei] が韻を踏んでいます。語尾が響き合う英語の美しさを味わいながら、ライムを言いましょう。また、メロディーに乗せて歌いましょう。

解　説

　雨の日は子どもたちは外で遊べません。はやく天気になってほしいと願う子どもの気持ちは世界共通です。日本の子どもたちは晴天を願っててるてる坊主を作り、「てるてる坊主、てる坊主 ...」と歌いますが、英語圏の子どもたちは、雨の日には、"Rain, Rain, Go Away" を歌います。
　また、マザーグースには雨の日のうたが他にもいくつかあります。次のうたは、Rain, Rain, Go Away と同様のメロディーで始まるユーモラスなものです。

It's Raining

It's raining, it's pouring,
The old man is snoring.
He bumped his head and went to bed
And couldn't get up in the morning.

雨が降ってる

雨が降ってる、ざあざあ降ってる
おやじはぐうぐう高いびき
頭を打って、寝込んじまった
朝になっても寝たまんま

活動の進め方

① 歌詞の意味を考えながら、次のような動作をつけてライムを言います。

Rain, rain,	指をブルブル動かしながら、両手を上から下へ動かし、雨の降る様子を表す。
Go away.	両手の甲を押すように返す。
Come again Another day.	両手の手のひらを上に向けて、手まねきする。
Little Johnny	両手を手前に伸ばして振り下ろし、腰をおとす。
Wants to play.	思いっきり飛び上がる。

② CDを聞きます。

③ CDについて、今度はメロディーに乗せて歌いながら、①の動作をします。

発 展

歌詞の "Little Johnny wants to play." のところで、したい遊びのジェスチャーを自由につけて楽しみます。

① うたと動作に慣れたら、先生は "If it isn't raining, what do you want to do?"（雨でなければ、何がしたい？）と児童にたずね、したい遊びのジェスチャーをさせます。

② CDについて歌いながら「活動の進め方」の動作をし、"Little Johnny wants to play." のところで、児童にしたい遊びのジェスチャーを自由にさせます。

③ "Johnny" のところに児童1人の名前を入れて歌いながら、動作とそれぞれのジェスチャーを発表してもらうと、より楽しめます。

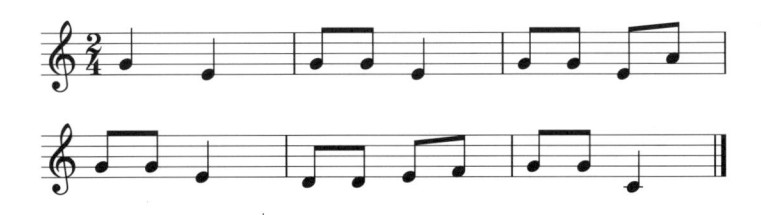

くまさん、くまさん
Teddy Bear

低・中学年 9

CD-38 39 40

歌詞

Teddy bear, teddy bear, turn around.
Teddy bear, teddy bear, touch the ground.
Teddy bear, teddy bear, show your shoe.
Teddy bear, teddy bear, that will do.
Teddy bear, teddy bear, go upstairs.
Teddy bear, teddy bear, say your prayers.
Teddy bear, teddy bear, turn off the light.
Teddy bear, teddy bear, say good night.

意味

くまさん　くまさん　まわりましょう
くまさん　くまさん　地面について
くまさん　くまさん　おくつを見せて
くまさん　くまさん　おりこうね
くまさん　くまさん　階段上がって
くまさん　くまさん　お祈りしましょう
くまさん　くまさん　あかりを消して
くまさん　くまさん　おやすみなさい

ねらい

とてもよく知られたなわとびうたの一つです。日本にも、大正時代にアメリカから入った「くまさんくまさんまわれみぎ」というなわとびうたがあります。最初はなわとびをせずに動作をしながら口ずさみます。この遊びうたの響きがよいのは、around, ground の [aund]、shoe, do の [u:]、stairs, prayers の [eərz]、light, night の [ait] が韻を踏んでいるからです。なわとびをしながらこのうたを歌うと、ちょうどアクセントが置かれる位置で両足が地面につきます。英語のリズムとアクセントが楽しく身につくうたです。

解説

teddy bear とは、縫いぐるみのくまのことです。これはアメリカ第26代大統領 Theodore Roosevelt にちなんで付けられたようです。彼は狩猟好きだったので、ドイツのおもちゃ店が Theodore のニックネームの Teddy という名前のくまを売り出したところ、大変な評判になったそうです。今や teddy bear はくまの縫いぐるみの総称として世界中の子どもたちに親しまれています。

くまさん、くまさん

活動の進め方

① CDに合わせて、先生は次のような動作をして見せ、児童にも一緒にするように促します。
"Teddy bear, teddy bear," で体を左右にゆすり（毎回行う）、"turn around." で、一回転します。
② "touch the ground." で、床に両手をつきます。
③ "show your shoe." で、片足を前に出しかかとをつけます。（くつを見せるようなポーズ）
④ "that will do." で、おじぎをします。
⑤ "go upstairs." で、階段を上るまねをします。
⑥ "say your prayers." で、お祈りのポーズをします。
⑦ "turn off the light." で、電気の（スイッチ）を消すポーズをします。
⑧ "say good night." で「おやすみ」のポーズをします。

turn around 　　touch the ground 　　show your shoe 　　that will do

go upstairs 　　say your prayers 　　turn off the light 　　say good night

発　展

動作をしながら口ずさめるようになったら、なわとび（大縄）をしながら行います。2人がなわを回し、他の児童は1人ずつ順番に跳びます。
① 2人の児童が、なわを回します。
② 最初に跳ぶ児童がなわの中に入ったら、全員で歌い始めます。
③ 跳ぶ児童は、"Teddy bear, teddy bear," と "teddy" の [e] のところで縄を跳び、続けて "turn around." と跳びながら一回転（「活動の進め方」①の動作）します。
④ 跳ぶ児童は同様に「活動の進め方」②〜⑧の動作を跳びながらします。

バスの車輪はくるくる回るよ

The Wheels on the Bus

低・中学年 10　CD-41 42 43

歌詞

1. The wheels on the bus go round and round,
   Round and round, round and round.
   The wheels on the bus go round and round,
   All through the town.
2. The people on the bus go in and out, ...
3. The wipers on the bus go swish, swish, swish, ...
4. The windows on the bus go up and down, ...
5. The driver on the bus goes honk, honk, honk, ...
6. The baby on the bus goes wah, wah, wah, ...
7. The mother on the bus goes shh, shh, shh, ...
8. The wheels on the bus go round and round, ...

意味

1. バスの車輪はくるくる回るよ
   くるくると、くるくると
   バスの車輪はくるくる回るよ
   町の中をずっと
2. バスの乗客は乗ったり、降りたり…
3. バスのワイパーはシュッ、シュッ、シュッ…
4. バスの窓は上がったり、下がったり…
5. バスの運転手はクラクションをプッ、プッ、プッ…
6. バスの中の赤ちゃんはエーン、エーン、エーン…
7. バスの中のお母さんはシッ、シッ、シッ…
8. バスの車輪はくるくる回るよ…

ねらい

　子どもたちの大好きな乗り物のうたです。軽快なリズムに乗って、いろいろな擬音語や擬声語が覚えられます。メロディーも覚えやすく、繰り返しが多いので歌いやすいうたです。バスの様子や、バスの中の人々の行動を、全身で表現しながら歌いましょう。

解説

　アメリカの子どもたちに人気のあるうたです。スクールバスなどに乗ることの多いアメリカでは、バスは子どもたちにとって、身近な乗り物です。このうたには、バスやバスの部品のさまざまな動きやバスに乗り合わせた人々のさまざまな行動が描かれています。また、人や物が出す、さまざまな音もたくさんでてきます。子どもの目から見た、バスの中の楽しい様子が想像できるうたです。

🎵 活動の進め方

① CDを聞きながら、うたに合わせて、先生は1番から8番まで下の絵のようにうたの内容に合わせた1〜8の動作をして、児童に見せます。
② CDに合わせて、児童も一緒に1〜8の動作をします。輪になって行うと、いっそう楽しめます。
③ CDについて歌いながら1〜8の動作をします。

1	2	3	4
round and round	in and out	swish, swish, swish	up and down

5	6	7	8
honk, honk, honk	wah, wah, wah	shh, shh, shh	round and round

🎵 発　展

　例えば、リーダー役の児童が "The wheels on the bus go" と歌うと、他の児童は全員で "round and round …" と続けて歌いながら、動作をします。次のリーダー役が好みの歌詞の初めのパートを歌うと、他の児童は続きを歌いながら、動作をします。リーダーが次々とリレー式に替わり、歌い続けます。全員が参加でき、とても楽しい活動になります。

中・高学年 1

こんなふうにするんだよ
This is the Way

CD-44 45 46

歌詞

This is the way we wash our face,
Wash our face, wash our face,
This is the way we wash our face,
So early in the morning.

意味

こんなふうに顔を洗うよ
顔を洗うよ　顔を洗うよ
こんなふうに顔を洗うよ
朝とても早く

ねらい

　日常生活で習慣的に行う動作を楽しく歌ううたです。"wash our face" のところをいろいろな動作に替えて、その動作をしながら歌います。ことばの意味が動作をともなって楽しく体得できます。

解説

　このうたの元うたは "The Mulberry Bush"（「くわの木のまわりをまわろうよ」）です。手をつないで輪になって回りながら歌う遊びうたです。木のまわりを回るダンスや遊びは、ヨーロッパでは15世紀からすでに絵画に描かれています。"The Mulberry Bush" がいつ頃から歌われるようになったのか、また、"This is the Way" の歌詞がいつ頃できたのか特定されていませんが、「顔を洗う」というような動作が加わったのは19世紀に入ってからのようです。長い年月伝承されているうたですから、歌詞も幾種類かあります。"This is the way we wash our clothes," というように労働を歌った歌詞が英語圏では最も一般的ですが、ここでは児童の生活に即した歌詞を紹介しています。

活動の進め方

① まず、歌詞のことばを動作を使って説明することから始めます。先生は "Let's wash our face." と言いながら、「顔を洗う」動作をします。児童にも同じ動作をするように促します。
② "How do you wash your face?"（どんなふうに顔を洗うの？）"When did you wash your face today?"（今日はいつ顔を洗った？）と児童にたずねながら、歌詞の意味理解のヒントを与えます。
③ 先生は「顔を洗う」動作を児童と一緒にしながら、うたの歌詞を語りかけるように言います。
④ ③と同様に動作をしながら、今度はメロディーをつけて言います。
⑤ CDを聞きます。
⑥ CDに合わせて、動作をしながら一緒に歌います。

発展

　歌詞の "wash our face" の部分を次の例のように替えて、うたの2番、3番…を作り、続けて歌います。もちろん、動作もつけます。

例：brush our teeth（歯をみがく）
　　take off our pajamas（パジャマをぬぐ）
　　put on our clothes（服を着る）
　　comb our hair（櫛で髪をとく）
　　eat some eggs（タマゴを食べる）
　　drink some milk（牛乳を飲む）
　　watch TV（テレビを見る）
　　go to school（学校へ行く）

こんなふうにするんだよ

wash our face | brush our teeth | take off our pajamas

put on our clothes | comb our hair | eat some eggs

drink some milk | watch TV | go to scool

ホーキー・ポーキー
The Hokey-Pokey

中・高学年 2

CD-47 48 49

歌詞

You put your right hand in,
You put your right hand out,
You put your right hand in,
And you shake it all about,
You do the hokey-pokey
And you turn yourself around.
That's what it's all about!

意味

右手を入れて
右手を出して
右手を入れて
その手を振って
ホーキー・ポーキーしてごらん
そしてグルッとひと回り
それでおしまい　ホーキー・ポーキー！

ねらい

輪になってダンスをしながら、楽しく歌う、全身遊びのうたです。右手、左手、右足、左足、全身、と体の部分の名前や、in、out、aboutなどの副詞が楽しく覚えられます。

解説

大勢の人が集まったときに、歌いながら踊る、大人にも子どもにも人気のあるフォークソングです。put in や put out は輪の中に入れたり出したりすることを意味します。このうたは、The Hokey Kokeyなどの名前でも知られており、体のどの部分を先に歌うか、また、左右どちらを先に出すかなど、いろいろバリエーションがあります。また、hokey-pokey は hocus pocus とも言い、呪文やまじないの意味があるとも言われています。このうたの中で「ホーキー・ポーキーする」とは、手を振りながら腰を振る、滑稽なしぐさをすることをいいます。

活動の進め方

① 全員で輪になります。
② 歌に合わせて、次のような動作をします。
③ "You put your right hand in," で、全員右手を輪の方へ入れます。
④ "You put your right hand out," で、全員右手を輪の外へ出します。

⑤ "You put your right hand in," で、また右手を輪の中へ入れます。
⑥ "And you shake it all about," で、右手を輪の中に入れたまま振り回します。
⑦ "You do the hokey-pokey" で、リズムに合わせて腰を振りながら肩の高さで両手を振ります。
⑧ "And you turn yourself around." で、⑦を続けながらその場で1回転します。
⑨ "That's what" で、腰に手を当て左足のかかとを前に出して戻し、
⑩ "it's all a-" で、右足のかかとを前に出して戻します。
⑪ "-bout" で、軽くジャンプします。
⑫ 最後に手を2回リズムに合わせてたたきます。

発　展

歌詞の right hand のところを、left hand（左手）に変えて、同様に行います。さらに、体の部分を次の例のように変えて楽しみます。

例：right foot（右足）
　　left foot（左足）
　　right shoulder（右肩）
　　left shoulder（左肩）
　　right hip（おしりの右側）
　　left hip（おしりの左側）
　　head（頭）
　　whole self（全身）

「活動の進め方」

You put your right hand in,　　You put your right hand out,　　You put your right hand in,

And you shake it all about,　　You do the hokey-pokey　　And you turn yourself around,

That's what　　it's all a-　　-bout

中・高学年 3

幸せなら手をたたこう
If You're Happy

CD-㊿㊼㊽

🎵 歌　詞

If you're happy and you know it,
Clap your hands. (clap, clap)
If you're happy and you know it,
Clap your hands. (clap, clap)
If you're happy and you know it,
And you really want to show it,
If your're happy and you know it,
Clap your hands. (clap, clap)

🎵 意　味

幸せなら
手をたたこう
幸せなら
手をたたこう
幸せなら
態度で示そうよ
幸せなら
手をたたこう

🎵 ねらい

　繰り返しが多くリズミカルでとても歌いやすいうたです。このうたを通して、楽しい動作をしながら感情表現や状態を表す表現が学べます。
　また、感情を表す動作を考える創造的な活動にも発展できます。

🎵 解　説

　英語でも日本語でもよく知られたうたです。日本では、昭和39年に坂本九が「幸せなら手をたたこう」の曲名で歌ってヒットしました。
　このうたは、「発展2」のように、いろいろな表現を好きなだけ積み重ねていくことができます。メモリーゲームのように、楽しみましょう。

🎵 活動の進め方

① happy（幸せ）、sad（悲しい）、angry（怒っている）の3種類の感情を表す絵カードを用意します。（右頁参照）
② 先生は、①の3枚の絵カードを児童に示し、happyの意味を教えます。（①②は省略可）
③ 先生は、"I'm happy. Are you happy, too?"（私は幸せです。あなたも幸せですか。）と児童にたずね、"If You're Happy" のうたをゆっくり歌いながら、(clap, clap)（手をたたく）のところで、2回手をたたき、児童にも手をたたくように促します。
④ 児童がうたのおおよその意味と手をたたくところが理解できれば、CDをかけます。
⑤ CDを聞いて、CDに合わせて手をたたきます。
⑥ もう一度CDをかけ、CDに合わせて歌いながら手をたたきます。

発展

1. 次の例のように、happy なときに行う他の身体表現の表現方法を児童に考えさせ、歌詞の "Clap your hands." のところを自由に変えて、その動作をしながら歌います。

例
    Stamp your feet.（両足を交互に踏み鳴らす）
    Shout, "Hurray!"（ハーレィ！と叫ぶ）
    Wave your hands.（両手を振る）
    Jump up high.（高く飛び上がる）
    Do them all.（それらをすべて行う）

2. 次の例のように、happy 以外の感情表現や状態を表す表現をうたと動作にして、うたの2番、3番…と増やして楽しみます。導入時には、絵カード（イラスト参照）を使うとよいでしょう。

例
    If you're sad and you know it,
    Cry boohoo. (Boohoo!)
    （ブーフーと鳴くまねをする）
    If you're angry and you know it,
    Cross your arms. (Grrrrr!)
    （腕を組んで、グゥー！と唸る）
    If you're hungry and you know it,
    Rub your tummy. (Mm...m!)
    （ウ〜ン！とおなかをさする）
    If you're surprised and you know it,
    Raise your hands. (Wow!)
    （ワァウ！と言いながら両手を上げる）
    If you're tired and you know it,
    Close your eyes. (Zzz!)
    （目を閉じて、ズズズー！と寝たふりをする）

中・高学年 4

足長水兵さん
Long-Legged Sailor

CD-53 54 55

歌詞

Have you ever ever ever
In your long-legged life
Seen a long-legged sailor
With his long-legged wife?

No, I've never never never
In my long-legged life
Seen a long-legged sailor
With his long-legged wife.

意味

きみは足長人生の中で
たったの一度でも
足長奥さんを連れた足長水兵を
見たことがあるかい？

いいや、ぼくは足長人生の中で
たったの一度も
足長奥さんを連れた足長水兵なんて
見たことないさ

ねらい

英語圏の伝承手合わせ遊びのうたです。ナンセンスソングですが、英語のリズムやアクセントは正確に伝えているうたです。英語の持つリズムを両手で感じつつ、楽しく歌い、遊びましょう。

解説

手合わせ遊びが英語圏にもあることを知り、それを楽しんでみることは児童にとって意義のあることです。児童は、子どもの遊びがことばや文化を超えて持つ共通性に触れ、異文化や外国の人々に対して興味・関心・共感を持ち、他者尊重・共生をめざす心へとつながる小さな芽が育まれます。

このうたの手合わせ遊びには、"long（長い）"の意味に合わせて両手を横に広げるという、日本の手合わせ遊びにはない独特な手の動きがあり、新鮮でまた予想以上に難しいので、中学年・高学年の児童は大いに楽しみます。

活動の進め方

遊びうたは、とにかく遊んでみることが大切です。まず歌詞を覚えてから、という順番ではなく、手合わせをしつつ歌い、楽しみながら遊び方とうたを同時に覚えるよう指導します。先生が児童1人と組んで、他の児童たちからよく見える位置に立ち、歌いながらデモンストレーションを見せるか、もしくは、2人の先生で行う手合わせ遊びを見せながら、児童も一緒に手合わせ遊びを始めます。

足長水兵さん

① 2人1組になり向かい合います。
② ゆっくり歌いながら、うたに合わせて下の絵のように手を合わせます。2番も同様にうたの終わりまで繰り返します。
③ 慣れたら、CDのうたに合わせて一緒に歌いながら手遊びをします。

発　展

手合わせが十分できるようになれば、足の動きもつけてみましょう。相手と右手を合わせるときには右足を前に出し、相手の右足と交差させます。左手を合わせる時には左足を前に出し、相手の左足と交差させます。

Have you 自分の両手を打つ	**ever** 相手と右手を合わせる	**ever** 自分の両手を打つ	**ever** 相手と左手を合わせる
In your 自分の両手を打つ	**long-** 自分の両手を広げる	**legged** 自分の両手を打つ	**life** 相手と右手を合わせる
Seen a 自分の両手を打つ	**long-** 自分の両手を広げる	**legged** 自分の両手を打つ	**sailor** 相手と左手を合わせる
With his 自分の両手を打つ	**long-** 自分の両手を広げる	**legged** 自分の両手を打つ	**wife?** 相手と両手を合わせる

中・高学年 5

大きな船がゆくよ
The Big Ship Sails

CD-56 57 58

歌詞

The big ship sails on the alley alley oh,
The alley alley oh, the alley alley oh;
The big ship sails on the alley alley oh,
On the last day of September.

意味

大きな船がゆくよ　アリ・アリ・オー
アリ・アリ・オー　アリ・アリ・オー
大きな船がゆくよ　アリ・アリ・オー
9月の最後の日に

ねらい

　The Big Ship Sails は、ヨーロッパや英語圏で古くから親しまれている "Thread the Needle（針の糸通し）" という伝承遊びとともに歌われる伝承うたの一つです。
　英語圏の子どもたちに長い年月親しまれ伝承されてきた遊びうたを歌い、全身で遊んでみることは、児童にとって楽しく英語や異文化に触れる体験になります。異文化への興味・関心、英語への学習意欲は、このような体験から芽生えてきます。

解説

　手をつないで1列に並び、片端の2人の手の下をもう一方の端の人からくぐっていく "Thread the Needle" という遊びの歴史は古く、14世紀初頭のヨーロッパのフレスコ画にすでに大人たちが踊っている様子が描かれています。The Big Ship Sails は、子どもの遊びとして今日まで残っている "Thread the Needle" の代表的なものです。
　歌詞の "alley alley oh" の "alley" は、子どもたちが歌いながらくぐる手のアーチの下の「細い通路（alley）」を意味します。"the last day of September（9月の最後の日）" の由来は明らかにされていません。地域によっては「12月の最後の日に」、「クリスマスの朝」などいろいろな歌詞で歌われることもあるようです。

活動の進め方

① 5～8人程で1組になり、各組手をつないで1列に並び、壁側の児童は片手を壁につきます。
② 歌いながら、壁と反対側の端にいる先頭の児童Aはつないだ手を引いて皆をリードしながら、壁側の児童の腕の下の1のアーチをくぐります。
③ 壁側の児童は手をリードされるままに半回転し、胸の前で腕が交差し、列とは逆を向いた状態で止まります。
④ 先頭の児童Aは②と同様に2～4のアーチを順にくぐります。（うたは⑦が終わるまで、繰り返しなんども歌いながら進めます。）
⑤ 先頭の児童Aは、4のアーチをくぐり終えたら自らも半回転し、全員が腕を交差して逆方向を向いた状態になります。
⑥ 先頭の児童Aは後ろ回りに壁側の人と手をつなぎ、輪（船）になります。
⑦ 歌いながらゆっくり回転して楽しみます。

発　展

　「活動の進め方」の楽しみ方では、1列に並んだ児童がまるで針と糸で縫いこまれたような状態になりました。その状態をほどいてゆく楽しみ方もあります。「活動の進め方」の⑥⑦に進まず①〜⑤までで止め、そのあとを次のように進めます。うたは、繰り返しなんども歌いながら行います。

⑥ 先頭の児童Aは⑤とは逆方向に半回転し、交差した腕をほどきます。

⑦ 先頭の児童Aは4のアーチをくぐります。先頭の隣の児童Bの腕の交差がほどけます。

⑧ 児童Bはつないだ手で先頭の児童Aの手を引きながら、3のアーチをくぐります。児童Bの隣の児童の腕の交差がほどけます。以下同様に、腕の交差がほどけた児童が順次2〜1のアーチをくぐると全員の腕の交差がほどけてもとの状態にもどります。

中・高学年 ⑥

鈴を鳴らそう！
Ring the Bells

CD-59 60 61

歌　詞

Ring, ring, ring the bells,
And pass them round'n round,
Merrily, merrily, merrily, merrily,
Christmas time is here.

意　味

鈴を鳴らそう、鈴を鳴らそう
そしてぐるぐるまわそうよ
楽しく、楽しく、楽しく、楽しく
クリスマスがやってきた

ねらい

クリスマスの英語活動にぴったりのうたです。鈴をまわしながら歌い、うたの終わりに鈴を持っている人を当てるゲームを楽しみながら歌いましょう。輪唱も楽しめます。

解　説

このうたは "Row, Row, Row Your Boat" の替え歌です。歌詞の "merrily" は、「楽しく」という意味の副詞です。"Merry Christmas!" の "merry" は「楽しい」という意味の形容詞です。発音を混同しないように歌いましょう。また、"round'n round" は、"round and round" の短縮形です。

活動の進め方

① オニを2〜3人決めます。他の児童は輪になって座ります。オニは輪の児童の方を向いて輪の真ん中に座ります。先生は鈴（ベルなど、鈴の付いた、音の鳴るものならなんでもよい）を2〜3個用意し、輪になって座っている児童の誰かに1つずつ渡します。
　＊鈴の数とオニの数は、輪の児童数に応じて増やします。
② 輪の児童は全員で、"Close your eyes." とオニに言い、オニは目を閉じます。
③ 輪の児童は、両手を後ろにまわします。
④ 輪の児童はうたを繰り返し3回歌います。歌いながら、鈴を持っている児童は背中で鈴を鳴らしながら、その鈴を後ろ手に時計回りに隣の児童にまわします。鈴を受け取った児童は、同様に鈴を鳴らしながら、また隣の児童にまわします。同様にうたの終わりまで鈴をまわし続けます。
⑤ うたを3回歌い終わったところで、鈴を持っている児童は鳴らすのを止め、オニに見えないように気をつけて、後ろ手に鈴を隠します。他の児童も両手は後ろのままです。
⑥ 輪の児童は全員で、"Open your eyes." とオニに言います。オニは目を開けます。
⑦ オニは、誰が鈴を持っているか見当をつけ、その児童に、"Do you have the bell?" とたずねます。たずねられた児童は、鈴を持っていれば "Yes, I do." と答えて鈴を見せます。持っていなければ "No, I don't." と答えます。各オニは2回ずつチャンスがあります。全オニがたずね終われば、鈴を持っている児童を当てたオニは、その児童とオニを交代します。もしくは、オニを総入れ替えして、また②から始めます。

発　展

小さめの輪を複数作って、輪唱しながら鈴まわしゲームを楽しみましょう。

① 2〜3グループに分かれます。各グループはオニを1人決めます。
② 児童はグループ毎に輪になり、オニはそれぞれの輪の真ん中に座ります。先生は各輪に鈴を1個ずつ渡します。
③ 以降、「活動の進め方」の②〜⑦と同様に進めますが、全輪一斉に始めるのではなく、歌い始め

（ゲームの開始）を2小節ずつずらし、輪唱を楽しみながらゲームを進めます。オニにとっては、こだまする歌声によって鈴の音に集中することが難しくなり、鈴の持ち主を当てることが難しくなります。

「活動の進め方」
（①〜③はイラスト省略）

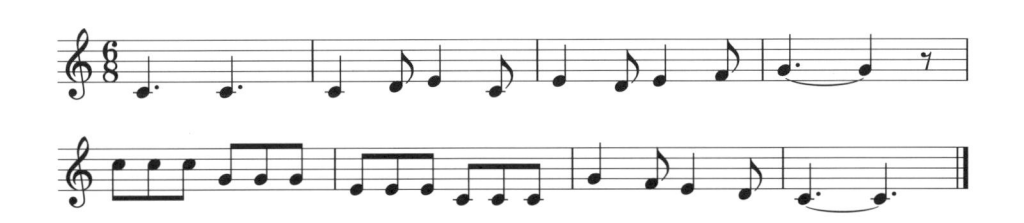

④

⑤

⑥ "Open your eyes."

⑦ Do you have the bell? / Yes, I do. / Do you have the bell? / No, I don't.

ビンゴ
Bingo

中学年 1

CD-62 63 64

歌　詞

There was a farmer had a dog,
And Bingo was his name, oh!
B-I-N-G-O, B-I-N-G-O, B-I-N-G-O,
And Bingo was his name, oh!

意　味

あるところに農夫が犬を飼っていたんだとさ
犬の名前はビンゴだったんだとさ
B-I-N-G-O, B-I-N-G-O, B-I-N-G-O
ビンゴっていうのが犬の名前だったんだとさ

ねらい

　ビンゴは農夫のおじさんが飼っていた犬の名前です。5文字のアルファベットを使った楽しいうたです。うたを歌っているうちに知らず知らずに文字になじめるようになります。

解　説

　19世紀の終わり頃まで、イギリスの農村では畑仕事やお祭りなどで踊りながら歌われていたうたです。今日では、アメリカの子どもたちにもたいへん人気のあるうたです。

活動の進め方

① アルファベット5文字、B, I, N, G, Oの文字カードを用意します。

② CDを聞きます。先生はCDに合わせて、歌詞のB-I-N-G-Oのところで文字カードを1枚ずつ指し示します。

③ CDに合わせて、①と同様にB-I-N-G-Oを指し示しながら歌います。

④ ほぼ歌えるようになれば、B-I-N-G-Oの最初の文字Bのところで、声を出さずに、1回手をたたきます。繰り返し歌い、声を出さずに手をたたく文字を増やしていきます。

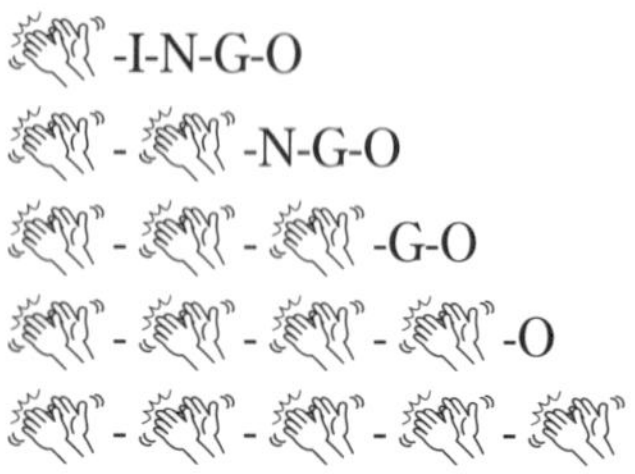

👏-I-N-G-O
👏 - 👏-N-G-O
👏 - 👏 - 👏-G-O
👏 - 👏 - 👏 - 👏-O
👏 - 👏 - 👏 - 👏 - 👏

発　展

　Bingo の代わりに、ほかの5文字の名前を入れても楽しめます。例えば、Rover、Honey、Junko、Akira などを当てはめます。字余りでも、児童の名前を入れると楽しく歌えます。

高学年 1

ドレミのうた
Do-Re-Mi

CD-65 66 67

歌　詞

Doe a deer, a female deer,
Ray a drop of golden sun,
Me a name I call myself,
Far a long, long way to run,
Sew a needle pulling thread,
La a note to follow sew,
Tea a drink with jam and bread
That will bring us back to do.
Do-re-mi-fa-so-la-ti-do-so-do!

意　味

ドゥは雌じか
レィは黄金色の太陽のしずく
ミーは自分の呼び名
ファーは駆け抜ける長い長い道
ソゥは針が糸を引っぱって縫うこと
ラはソゥに続く音
ティーはジャムつきパンと一緒に飲む紅茶
さあ、またドゥから始めましょう
ドゥ、レィ、ミー、ファー、ソゥ、ラ、ティー、ドゥ、ソゥ、ドゥ！

ねらい

世界中の人々から愛されているうたです。ドレミの音階に沿って歌います。原曲の歌詞は日本で歌われている歌詞とは意味が異なります。原曲の英語の歌詞と日本語の歌詞との違いを楽しみながら歌いましょう。

解　説

このうたはミュージカルや映画で感動を呼んだ、"The Sound of Music"の中の名曲です。トラップ家にやってきたマリアが、子どもたちにドレミの音階とうたの楽しさを伝えるために、一緒に歌ったのがこのうたです。映画ではアルプスを背景に美しい自然の中で、清らかな歌声が響いていました。

活動の進め方

① ドゥからティーの絵カードを7枚用意します。ドゥには雌じか、レィには黄金色の太陽の光というようにかきます。

② CDを聞きながら、カードを上げていきます。
③ CDに合わせて、一緒に歌います。

発　展

児童をドゥからティーまで7つのグループに分けます。ドゥのグループの児童は "Doe a deer, a female deer." とドゥの音のところを歌います。他のグループの児童も同様に歌っていきます。"That will bring us back to do." は全員で歌います。

高学年 2

線路は続くよ、どこまでも
I've Been Working on the Railroad

CD-68 69 70

歌　詞

I've been working on the railroad all the livelong day.
I've been working on the railroad to pass the time away.
Don't you hear the whistle blowing?
Rise up so early in the morn'.
Don't you hear the Captain shouting?
"Dinah, blow your horn!"
※ Dinah, won't you blow,
　 Dinah, won't you blow,
　 Dinah, won't you blow your horn?
※（くりかえし）

意　味

一日中線路工事

線路工事で時がたつ

笛の音が聞こえるかい
早起きしろよと
機関士の声が聞こえるかい
ダイナー号、汽笛を鳴らせと
※鳴らせ、鳴らせ、汽笛を鳴らせ

ねらい

力強い労働のうたです。日本でも「線路は続くよ、どこまでも」の歌詞でよく知られています。英語で原曲のうたの響きを味わってみましょう。

解　説

19世紀の西部開拓時代、広いアメリカ大陸に蒸気機関車を走らせるために人々は一生懸命働きました。夢を乗せて、西へ西へと線路が伸びていった様子が感じ取れるうたですが、もとは線路工事に明け暮れた労働者たちの労働の苦しみの中から生まれた労働歌です。歌詞の中の morn' は morning（朝）のことです。

活動の進め方

① CDを聞いて、リズムをつかみます。
② CDに合わせて、一緒に歌います。
③ "Dinah, won't you blow" のところは徐々に声を大きくします。
④ 歌うことに慣れれば、※の部分をAとBのパートに分かれて歌います。
　A：Dinah, won't you blow,
　B：Dinah, won't you blow,
　全員：Dinah, won't you blow your horn?

発　展

笛かラッパを児童の1人に持たせ、Dinah のところにその児童の名前を入れて、みんなで歌います。その児童は、"＿＿＿, won't you blow your horn?" のあとに笛やラッパを2度鳴らします。

線路は続くよ、どこまでも

はじめに

　英語活動でゲームを活用するのは、児童はゲームが大好きであり、楽しみながら目標とする言語材料（単語や文など）を繰り返し練習できるからです。そして何度もゲームを楽しんでいるうちに、多量の練習をこなし、知らず知らずのうちに単語や文を身につけていきます。ただし、ゲームならどんなゲームでもよいというわけではありません。英語活動で取り上げるゲームは、目標とする言語材料を含んでおり、その言語材料を練習するのに適しており、多量の練習ができるゲームでなければなりません。またルールが複雑すぎると説明に時間がかかりすぎたり、児童が混乱しますので、ルールはできるだけシンプルなものがよいでしょう。

　ゲームの指導で大切な点は、ゲーム開始前に、目標とする言語材料について十分練習し、すべての児童がゲームに楽しく参加できるようにしてあげることです。また児童にゲームの進め方をしっかり理解させることも大切です。そのためには、先生とALTあるいは指名した児童でゲームの進め方のデモンストレーションを見せたあと、簡潔に説明を加えるのが効果的です。ゲーム中は、ゲームの内容にもよりますが、ゲームの進め方や英語の表現で困っている児童を見つけ、手助けしてあげてください。

　以下、児童に人気のある26のゲームとその応用発展活動を紹介しますので、ご活用ください。

低・中学年 1
ダイナマイト・ナンバー・ゲーム — Clapping Game

CD-71

1 活動目的と活動風景

リズムに合わせて1人ずつリレー式に数を数えていくゲームです。言ってはいけないダイナマイト・ナンバーを言えば、全員で"ドカーン"と大きな声で爆発音を言います。数字の学習に取り入れれば遊びながら数字が身につきます。また授業のウォームアップで取り入れると児童をリラックスさせることができ、その後の展開がしやすくなります。

2 単語と表現

単語：数字（1〜20）
表現：・Let's count up.
　　　・Are you ready?

3 活動形態と所要時間

活動形態：全体
所要時間：数分〜10分

4 準備するもの

特になし

5 活動の進め方

① 0〜9のうちから数字を2つ選ぶ。選んだ数字が一の位にくる数字はすべてダイナマイト・ナンバーです。
　例：3と5を選んだ場合、3、5、13、15がダイナマイト・ナンバー
② 全員が輪になり、ひざをたたいてビートをとりながら、次の活動例のように1人ずつ1から順に数を数えていきます。自分の番がダイナマイト・ナンバーになる場合、その数字を言わずに2回手をたたきます。
③ 間違えた児童は輪の中心に座り、次に間違える児童が出るまで休みです。
④ 20まで繰り返し、21番目の児童から one、two、…を繰り返します。

6 指導上の留意点

① 数字カードや実物を使って事前に1〜20までの数え方を指導しておきます。その際、数字には英語の大切な母音、子音が含まれていますので、ていねいに発音を指導しましょう。
② 手をたたく回数を増やすなどして、少しずつ変化をつけていくといっそう楽しめます。
③ ダイナマイト・ナンバーを増やすと、難易度が上がり、よりチャレンジングな活動になります。

7 応用発展活動

1 高学年の場合は、数字を1〜60または1〜100として活動させるとよいでしょう。
2 次のような Clapping Game も児童は大いに楽しみます。
　① 全員で2度手をたたきます。その後すぐ、最初の児童Aが "one" と言って、右手の親指で右隣りに座っている児童Bを指します。
　② また全員で2度手をたたき、児童Bは "two" と言って、右手の親指で右隣りの児童Cを指します。
　③ あらかじめ決めておいた言ってはいけない数字が回ってきた児童は、数字を言わず、右手の親指を右隣りの児童に向けます。
3 2のゲームは曜日や月の名前にも応用することができます。

活動例（👏の部分は手をたたく）（CDに収録されています）

先生、児童全員：　Let's　count　up.　×　×　Are　you　ready?　×　×
児童A：　one
児童B：　two
児童C：　👏👏
児童D：　four
児童E：　👏👏
児童F：　six

低・中学年 ② 農場の仲間探しゲーム — Barnyard

CD-⑫

① 活動目的と活動風景

"Barnyard" とは「農家の庭」「納屋の周辺の庭」の意味で、農場で飼われている動物たちがたくさんいる場所です。このゲームは動物の鳴き声で仲間を探し、同じ動物のグループが集まるゲームです。動物の名前や鳴き声がたくさん紹介できます。また、積極的に大きな声を出すことが要求される活動です。

② 単語と表現

単語：動物の名前、鳴き声（「活動の進め方」参照）

③ 活動形態と所要時間

活動形態：クラス全体
　　　　　仲間を探して、机と机の間の通路、もしくは、フロアーを移動する
所要時間：10分

④ 準備するもの

① 動物の絵カード（大判）2〜6種類、各1枚
② 動物の絵カード（小判）①と同種類の絵カードを等分もしくはほぼ等分の枚数にして児童数分（絵カードについては "Animal Song" 19頁参照）

⑤ 活動の進め方

[4種類の動物の絵カードを使う場合]
① 先生は、4種類の動物の絵カード（大判）を1枚ずつ児童に示し、それぞれの動物の鳴き声を紹介します。"Animal Song" のメロディーでうたとして紹介してもよいでしょう。
　例：cow　　 "Moo, moo."
　　　pig　　 "Oink, oink."
　　　duck　 "Quack, quack."
　　　chick　 "Chick, chick."
② 先生は、①をもう一度繰り返し、児童は先生について鳴き声を発音します。
③ 先生は、4種類のカードをアトランダムに児童に見せ、児童はそのカードの動物の鳴き声を言います。
④ 先生は、4種類を等分もしくはほぼ等分に児童数用意した動物の絵カード（小）をよく繰り、児童に1枚ずつ、裏を向けて配ります。
⑤ 児童は、配られたカードを他の児童には見えないように気をつけて、絵の面を隠すように胸に当てて片手で覆います。
⑥ 先生の "Barnyard." の掛け声を合図に、児童は自分のカードの動物の鳴き声を大きな声で言いながら移動し、同じ鳴き声の仲間を探します。
⑦ 仲間が見つかった児童はお互いに離れないように集まり、更に仲間を探して移動します。
⑧ 全員が仲間を見つけ、4つの動物グループが出来あがるまで続けます。4グループ出来あがり、教室が静かになったら、児童はそれぞれ自分のカードを見せ合い、正しいグループにいるかどうかを確認し合います。

　4つのグループの人数が等分の場合は、「○人のグループ」と最初に児童に告げ、仲間が揃ったグループはその場にまとまって座り、最初に座ったグループが勝ちとしてもよいでしょう。

⑥ 指導上の留意点

① まずは、2種類から始めて、3種類、4種類と徐々に種類を増やしていくと、チャレンジングな活動になります。
② 先生は、活動中の児童の様子を観察し、動きが止まっていたり声が出ていない児童には、鳴き声がわかっているかどうか確認しましょう。
③ 種類が多い場合は、児童全員が自信を持ってゲームに参加できるように、「活動の進め方」の⑤のあとに、各動物の鳴き声をもう一度全員で言わせるとよいでしょう。

⑦ 応用発展活動

ゲームの進め方に慣れれば、動物の種類を替えたり、増やしたりしましょう。

　例：sheep　　　　　　 "Baa, baa."
　　　cock(rooster)　　 "Cook-a-doodle-doo."
　　　hen　　　　　　　 "Cluck, cluck."
　　　dog　　　　　　　 "Bowwow."
　　　cat　　　　　　　 "Meow, meow."
　　　mouse　　　　　　 "Squeak, squeak."

低・中学年 ③ フルーツバスケット — Fruit Basket　CD-73

❶ 活動目的と活動風景

おなじみの「フルーツバスケット」です。英語で果物名を聞いて、椅子を確保するために走り回る全身反応活動です。低学年の児童にも高学年の児童にも人気があります。ここでは果物の名前を使ったフルーツバスケットを紹介しますが、単語のカテゴリーによってはどの学年でも活用できます。

❷ 単語と表現

単語：（果物名）apple, banana, cherry, grape, grapefruit, melon, orange, peach, strawberry, watermelon, など
表現：What fruit do you like (best)?
　　　— I like apples (best).

❸ 活動形態と所要時間

活動形態：クラス全体またはクラスの半分
所要時間：15〜20分

❹ 準備するもの

① 10種類ほどの果物の絵カード、各2枚以上
② 児童数より1つ少ない椅子を円形に配置

❺ 活動の進め方

① オニを1人決め、残りの児童は円形に配置した椅子に座らせます。
② 全員に果物の絵カードを渡します。同じ果物の絵カードを2人以上の児童が持つようにします。
③ ゲームを始めます。全員でオニに "What fruit do you like (best)?" とたずねます。
④ オニは自分の持っている果物の絵カードと関係なく、自分の好きな果物名を答えます。
⑤ その果物の絵カードを持っている児童は座席を替わらなければなりません。いそいで空いた椅子を探して座ります。椅子に座れなかった児童が新しいオニになります。
⑥ 同様に繰り返し予定の時間がくるまでゲームを進めます。

❻ 指導上の留意点

① ゲームを開始する前に、果物名の言い方を練習します。その際、英語と日本語の発音、特にアクセントの位置の違いに注意を向けさせてください。
② 果物の絵カードは、児童に家庭で好きな果物をかかせてもよいでしょう。その際、用紙を配布するか、サイズを指示しましょう。

❼ 応用発展活動

「フルーツバスケット」は、いろいろなカテゴリーの単語の学習に利用できます。以下、乗り物名（低・中学年向き）と教科名（高学年向き）の単語の例を紹介しておきます。
乗り物名：bus, car, truck, taxi, bicycle, helicopter, plane, boat, yacht, など。
教科名：Japanese, math, social studies, science, music, arts and crafts, home economics, P.E., English, など。

低・中学年 4
サイモン君の命令ゲーム — Simon Says

CD-74

❶ 活動目的と活動風景

相手の指示通りに動く「命令ゲーム」です。指示を正しく聞き取って素早くその動作ができるかどうか、リスニング→理解→身体反応が瞬時に要求される活動です。

"Simon says," で始まるサイモン君の言う命令にだけ従うというルールが、うっかりミスをさそい楽しめます。

❷ 単語と表現

単語：動作を表す動詞
表現：（命令文）Run. Sit down. など

❸ 活動形態と所要時間

活動形態：全員、グループ、ペアなど
　　　　　机・椅子など必要なく、身動きのとれるある程度のスペースを要します
所要時間：5〜10分

❹ 準備するもの

なし

❺ 活動の進め方

① 先生もしくは児童の1人が、他の児童全員に、例えば次のように言い、その動作をするように促します。
　Simon says, "Stand up."
　Simon says, "Turn around."
　Simon says, "Jump."
　Simon says, "Hop."
② 次に、"Simon says," と言わなかったとき、その動作をしてはいけないことを児童に説明します。
　"If Simon doesn't say it, don't do it."
③ ルールの説明後、"Simon says," を言う場合と言わない場合を混ぜて、例えば次のように児童に指示します。
　Simon says, "Raise your hand."
　Simon says, "Walk around."
　"Skip."
　"Simon says," と言った動作（「片手を挙げる」や「歩きまわる」）をしなかった児童と、"Simon says," と言わなかった動作（「スキップ」）をした児童はアウトになります。アウトになった児童は、その場に座ります。
④ ゲームを③の要領で続けて、最後まで残った児童（複数でもよい）が勝ちです。

❻ 指導上の留意点

ウォームアップも兼ねて、既習の動詞を使った命令文で、児童に身体を動かさせる復習を十分に行ってからゲームを始めましょう。既習動詞の意味を忘れている児童も、他の児童の動作を見て意味を思い出し、自信を持ってゲームに参加することができます。

❼ 応用発展活動

学年に応じて、指示に使う命令文の難度に次のように高低をつけましょう。
① Simon says, "Touch your nose."
　（いろいろな身体の部分に触れる）
② Simon says, "Point to the door."
　（いろいろな物を指でさす）
③ Simon says, "Clap your hands 5 times."
　（回数を加える）
④ Simon says, "Raise your right/left hand."
　（右・左など形容詞の指示も加える）

低・中学年 5
スナップ・ゲーム — Snap!

CD-75

① 活動目的と活動風景

同じ2枚のカードが出たときに、"Snap!"と言うカード・ゲームです。"Snap!"というのは、「同じだ！」という意味の英語表現です。天気をたずね合い、同じ天気のカードが出たら、"Snap!"と言います。遊びの中で何度も繰り返すことで、天気をたずねる問答が定着します。

② 単語と表現

単語：（天気を表す単語）低学年は sunny, cloudy, rainy, snowy。中学年から windy, stormy などを加えてもよい
表現：How is the weather? — It's sunny.

③ 活動形態と所要時間

活動形態：ペア、または4〜5人のグループ
　　　　　着席状態で机使用、または、床に座る
所要時間：5分

④ 準備するもの

天気の絵カード2組×人数分（右の絵カード参照）

⑤ 活動の進め方

① 二人一組になります。各人、天気カードを2組ずつ、相手には見えないように持ちます。
② 一斉に、"How is the weather?"と言いながら、"weather"のところで同時に天気カードを1枚机（床）の上に表向きに出します。
③ 相手のカードの天気を、"It's sunny."というふうに素早く言います。出した天気カードが同じものであれば、"It's ＿＿＿."という代わりに、"Snap!"と言います。その場合は、先に"Snap!"と言った児童がカードを取ることができます。
④ より多くの天気カードを集めた児童が勝ちです。

⑥ 指導上の留意点

① 天気に関する単語や表現は事前に十分指導しておきます。また、"How is the weather today?" "It's ＿＿＿."の表現は、毎週授業の始めに使い定着を図りましょう。

② ペアでこのゲームをして勝敗が偏り過ぎる場合は、2人対2人のチーム戦にします。その場合、各チームは1組のカードを裏向きに重ねて置き、"How is the weather?"の掛け声で1番上のカードをめくります。

⑦ 応用発展活動

中・高学年の場合、曜日のカードや月のカードを使って同様に楽しみましょう。曜日カードの場合の表現は What day is it? — It's Monday. で、月カードの場合は What month is it? — It's January. です。

天気の絵カード

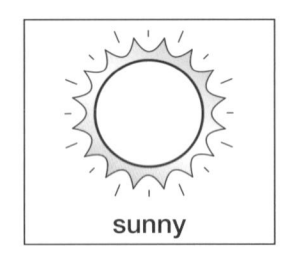

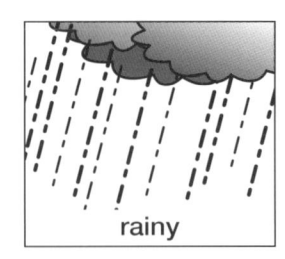

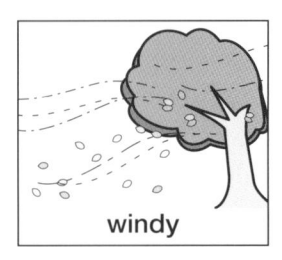

sunny	cloudy
rainy	snowy
windy	stormy

低・中学年 ⑥
同じスポーツが好きな友だちは？— Birds of a Feather

CD-76

① 活動目的と活動風景

「仲間探しゲーム（Birds of a Feather）」は、昔からある一種のインタビューゲームです。児童が教室中を動き回って、好きなこと／ものが同じ友だちを、順次、交代して探します。ここでは、「好きなスポーツが同じ仲間探し」を紹介します。

② 単語と表現

単語：（スポーツ名）jumping rope（jump rope），swimming, dodge ball, soccer, baseball, badminton, ping pong, tennis, など

表現：・Do you like swimming? — Yes, I do. / No, I don't. / So so.
　　　・Me, too.

③ 活動形態と所要時間

活動形態：全体
所要時間：10〜15分

④ 準備するもの

① 数種類のスポーツ名の絵カード。なお、絵カードはそれぞれのスポーツで使用するボールや道具でもよいでしょう。（右の絵カード参照）
② 児童がインタビュー活動がしやすいように、机、椅子を寄せて比較的広いスペースを確保します。

⑤ 活動の進め方

① 活動前に、活動で使用する単語とたずね方、答え方をしっかり練習します。
② 数名の児童を指名して、異なるスポーツの絵カードを渡します。
③ 絵カードをもらった児童はその絵カードを胸にかざして、友だちを自由に選んで、"Do you like swimming?" のようにたずねます。
④ 相手が "Yes, I do." と答えれば、"Me, too." と言って絵カードをその友だちに渡し、その友だちの後ろにつきます。相手が "No, I don't." と答えた場合は、"Good-bye." といって別れ、別の友だちにたずねます。
⑤ 新たに絵カードをもらった児童は、別の児童に質問し、絵カードのスポーツが好きな友だちを探します。
⑥ 一定時間で、列が長くなったグループが勝ちです。

⑥ 指導上の留意点

① 「なわとび」は、jumping rope、jump rope のどちらも正しい表現です。
② 先生が最初に児童に絵カードを渡すとき、"What sport do you like (best)?" とたずね、児童の好きなスポーツの絵カードを渡してもよいでしょう。

⑦ 応用発展活動

1. 同じスポーツが好きな友だちが3人見つかると "あがり" というルールでも大いに盛り上ります。
2. 複数の児童に同じスポーツの絵カードを渡し、見つけた仲間の数を競う、という方法もあります。
3. 「仲間探し」は、動物、食べ物、持ち物、教科など、いろいろな学習に応用することができます。

スポーツ名の絵カード

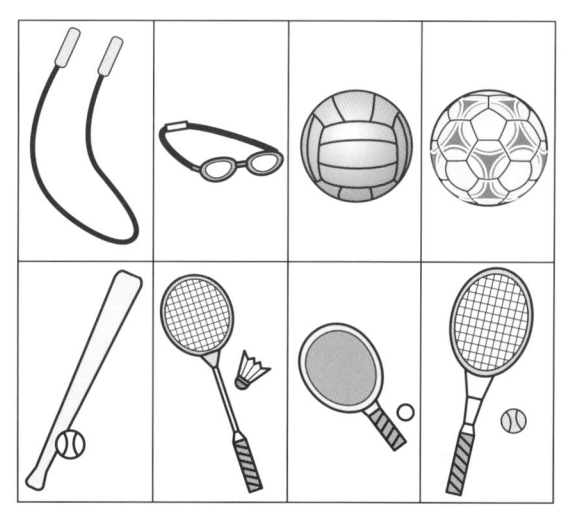

低・中学年 7
カラー・タッチ・ゲーム — Color Game

CD-77

① 活動目的と活動風景

「アルプス一万尺」のようなリズムに合わせて行う手遊びと、カルタ取りを組み合わせたゲームです。児童はリズムにのって手遊びを楽しみながら色の名前に親しみ、無意識のうちに覚えていきます。また回を重ねるごとにテンポがよくなり、反応も早くなります。

② 単語と表現

単語：（色）blue, black, green, pink, red, yellow, white, など
表現：・Let's touch the color.
　　　・What color do we touch? — Green.

③ 活動形態と所要時間

活動形態：ペア（活動は一斉に行う）
所要時間：数分〜10分

④ 準備するもの

① 上記の7色の色紙×児童の人数の半分
② ゲームチップ（色紙を取った児童に与える得点の目印）

⑤ 活動の進め方

① 児童は二人一組になって向かい合い、2人の間の机の上に7色の色紙を置きます。
② 右頁の要領で、児童全員で手遊びをしながら"Let's touch. Let's touch. Let's touch the color.", "What color do we touch?" とリズムに合わせて発音します。（CDに収録されています）
③ 児童が言い終わると、先生は、例えば、"It's green." と色を指定します。児童は素早くその色紙をタッチします。
④ 先生は、"Green." と言いながら色紙を示し、正しい色紙を取ったかどうかを確認します。
⑤ 先に正しい色紙をタッチした児童はゲームチップをもらえます。
⑥ 以下、スピードを少しずつ上げながら、予定の時間になるまでゲームを進めます。

⑥ 指導上の留意点

① 先生が色を指定するとき、はっきり、大きな声で言うことが大切です。
② 児童が活動に慣れるにつれ、色の数を増やしていくとよいでしょう。

⑦ 応用発展活動

1 混色カラー・タッチ・ゲーム

「活動の進め方」①、②を同じ手順で進め、③で先生は、例えば "Red and blue." と2色を指定し、児童は2色を混ぜ合わせた結果できる色の色紙をタッチします。この理科の要素を加味した活動に児童は好奇心を刺激され、いっそう楽しい活動になります。

　　混色の例
　　　　red and blue → purple
　　　　red and yellow → orange
　　　　red and white → pink
　　　　black and white → gray
　　　　blue and yellow → green
　　　　green and yellow → light green

2 色オニゲーム

次の「色オニゲーム」は児童が教室中を走り回る楽しいゲームです。

① 児童の1人がオニになり、その他の児童は円形に配置した椅子に座ります。
② 椅子に座った児童は、オニに "What color do we touch?" とたずねます。
③ オニは "Touch something red." のように色を指定します。椅子に座った児童は立って教室にある赤い色の品物（部分的でも可、例：赤鉛筆、筆箱）を探してタッチします。
④ その間にオニは空いている椅子に座り、他の児童もタッチできれば素早く空いている椅子に座ります。このとき、自分が座っていた椅子に戻ることはできません。
⑤ 椅子に座れなかった児童が新しいオニになります。

カラー・タッチ・ゲーム

活動の進め方―手遊び

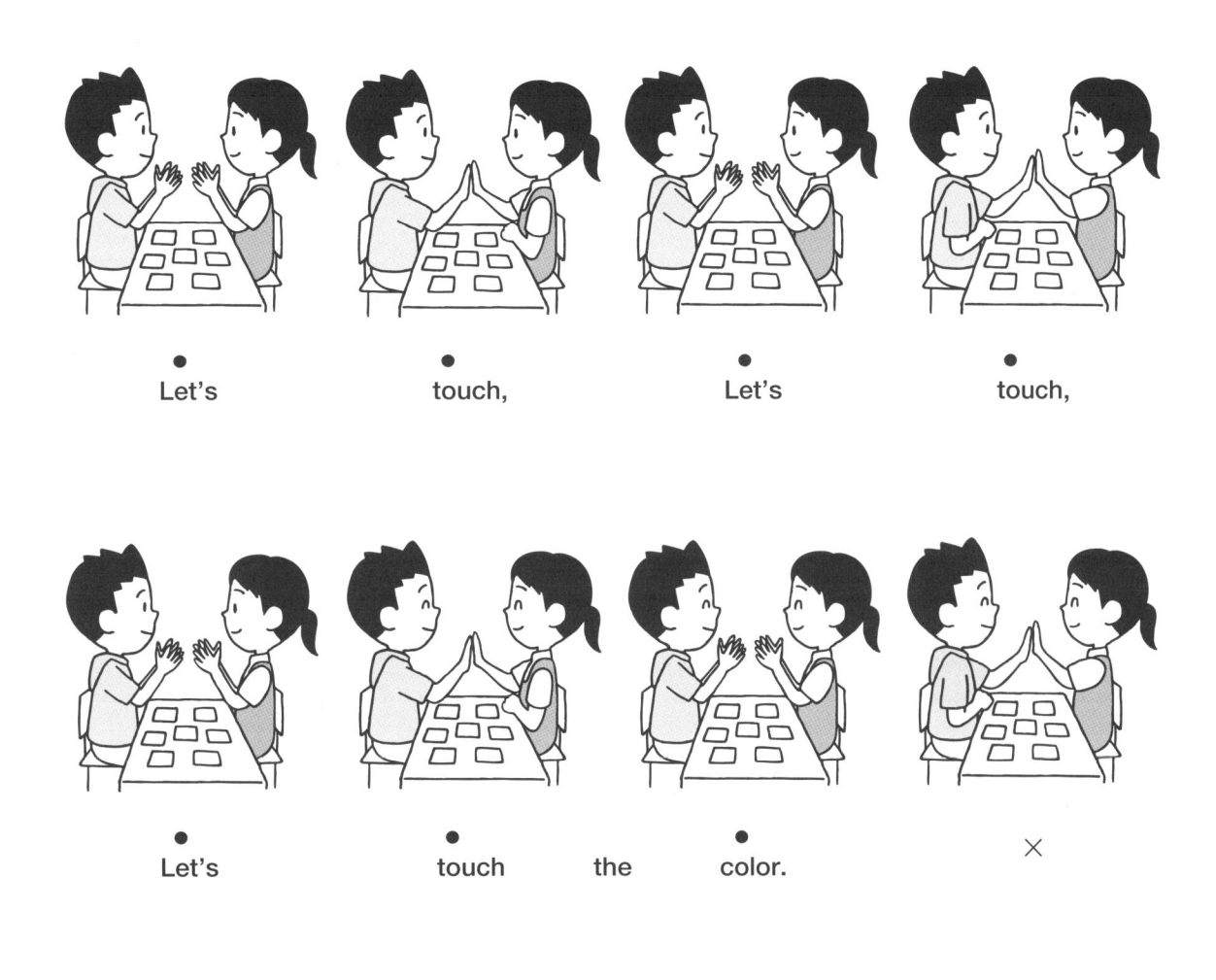

- Let's
- touch,
- Let's
- touch,

- Let's
- touch
- the
- color.
- ×

- What
- color
- do we
- touch?

低・中学年 8
袋に入っている動物は？ ― Interview & Guessing Game

CD-78

1 活動目的と活動風景
相手を自由に選んで、絵カードの動物の体の一部を見て、"Is that a ～?" とたずねて動物名をあてる、「インタビューゲーム」と「推理ゲーム」を組み合わせた活動です。児童はゲームチップを集めるために、積極的に英語を使用します。

2 単語と表現
単語：（動物名） cat, cow, dog, elephant, giraffe, horse, lion, monkey, panda, penguin, pig, tiger, rabbit, zebra, など
表現：Is that a lion? ― Yes, it is. / No, it isn't.

3 活動形態と所要時間
活動形態：ペア（活動は一斉に行う）
所要時間：10～15分

4 準備するもの
① B5判以上のサイズの封筒、クラスの人数分。（片面の一部を切り抜き、動物の体の一部が見えるようにしておきます）
② 封筒よりひとまわりサイズの小さい動物の絵カード、クラスの人数分
③ ゲームチップ、10枚×クラスの人数分

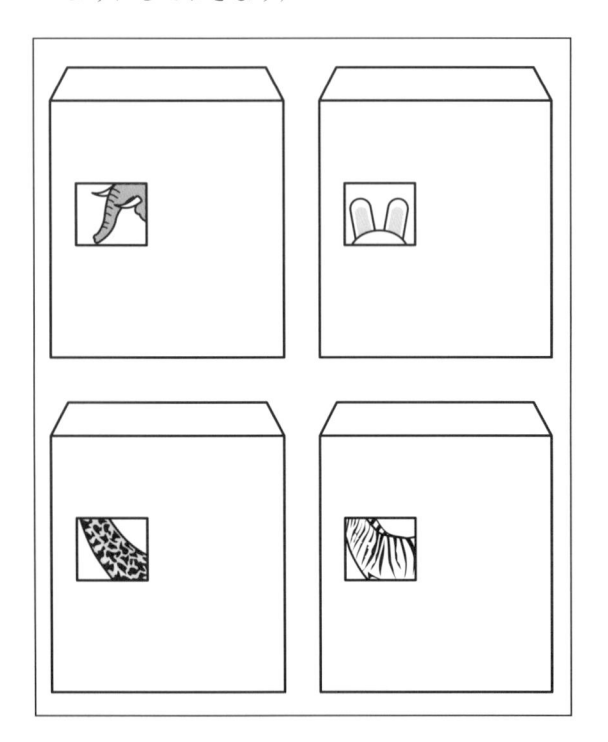

5 活動の進め方
① 先生は、動物の絵カードを入れた封筒とゲームチップ10枚を全員に配布します。
② 先生とALT（または指名した児童）で、デモンストレーションを見せながら、次の要領でゲームの進め方を説明します。まず、相手を自由に選んでペアになり、"Stone, Scissors, Paper." の掛け声でじゃんけんをして、勝った児童（S1）が負けた児童（S2）に質問します。
S1：（相手の絵カードを指して）Is that a lion?
S2：（正しい場合）Yes, it is.　S1にゲームチップを1枚渡します。
　　（正しくない場合）No, it isn't.　S1からゲームチップを1枚もらいます。
この後、"Good-bye." と言って別れ、それぞれ別の相手を探し、同様に活動を続けます。
③ 先生が、封筒の切り抜きからの動物の見せ方を工夫すること、できるだけ多くの友だちにインタビューをしてできるだけ多くのゲームチップを集めるように指示し、ゲームを始めます。
④ 予定の時間が経過すれば終了します。ゲームチップを集めた枚数の多い児童の勝ちです。

6 指導上の留意点
① 動物名と、動物名を特定するたずね方と答え方を十分練習してからゲームを始めます。
② 動物の絵カードの枚数を10～15種類、また動物の種類をできるだけ均等にしておくと、より楽しいゲームになります。

7 応用発展活動
次のたずね方と答え方でも、本文と同じルールで楽しい活動が展開できます。
S1：（自分の絵カードを指して）What is this?
S2：It's a lion.
S2 は正解であればゲームチップをもらい、不正解であればゲームチップを渡します。

中学年 1
オオカミさん、いま何時？ — What time is it, Mr. Wolf?

CD-79

1 活動目的と活動風景

児童がよく知っている「だるまさんが転んだ」に似たゲームです。"What time is it, Mr. Wolf?" とオオカミ役の児童にたずねながら、子ヒツジ役の児童たちはだんだんオオカミに近づきます。楽しみながら時間のたずね方と答え方に慣れることができます。

2 単語と表現

単語：数字（1〜12）
表現：What time is it? — It's five o'clock.
　　　Listen to the clock.

3 活動形態と所要時間

活動形態：グループ（15人程度）
所要時間：10分

4 準備するもの

オオカミのおめん

5 活動の進め方

① オオカミ役を1人決めます。残りの児童は子ヒツジ役です。子ヒツジ役の児童はオオカミからできるだけ離れた位置に1列に並びます。
② 全員で今日の dinner time を決めます。
　例：seven o'clock
③ 子ヒツジ役の児童たちはオオカミに「活動例」のようにチャントを言いながら時間をたずねます。
④ オオカミから dinner time 以外の答が返ってくれば、子ヒツジ役の児童はその時間の数字の歩数だけオオカミに近づきます。
⑤ 子ヒツジ役の児童は、再度オオカミにチャントを言いながら時間をたずねます。
⑥ オオカミが "It's seven o'clock. It's dinner time!" と答えれば、みんなはオオカミに食べられないように逃げます。
⑦ オオカミに捕まった児童が次のオオカミ役になります。

6 指導上の留意点

① 活動前に数字（1〜12）と時間のたずね方と答え方を練習します。
② オニは、オバケやライオンなど、児童にとって怖いものなら何でもよいでしょう。

7 応用発展活動

朝食、昼食、夕食といった表現に慣れさせるとともに、活動をよりダイナミックで楽しいものにするために、オオカミが子ヒツジを捕まえる時間を複数にしてもよいでしょう。

例：breakfast time　　7 o'clock
　　lunch time　　　12 o'clock
　　dinner time　　　6 o'clock

活動例　（CDに収録されています）

子ヒツジ：
Tick　tock,　tick　tock,　listen　to　the clock.　×
Tick　tock,　tick　tock,　listen　to　the clock.　×
What　time　is it,　×　mister　Wolf?　×

オオカミ：It's five o'clock.

中学年 2
身体で数珠つなぎ — Sticky Game

CD-⑧⓪

❶ 活動目的と活動風景

体の部分の名称に慣れさせます。先生の英語の指示をよく聞いて、グループの友だちの身体の部分を正しくタッチし、グループ全員の体がつながるまでその状態を続けます。グループ全員の協力が必要とされる愉快なゲームです。

❷ 単語と表現

単語：（身体の部分）head, neck, shoulder, arm, hand, stomach, back, waist, leg, など（身体の部分のイラストについては16頁参照）
表現：Touch your friend's head.

❸ 活動形態と所要時間

活動形態：グループ（6～10人）
所要時間：10～15分

❹ 準備するもの

特になし

❺ 活動の進め方

① 体の各部分を指しながら、名称を練習します。
② 先生と指名した数人の児童で見本を見せながら、ゲームの進め方について説明します。
　T：（先頭の児童に）Touch your friend's head.
　T：（2番目の児童に）Touch your friend's leg.
　T：（3番目の児童に）Touch your friend's shoulder.
　T：（4番目の児童に）Touch your friend's back.
③ 6～10人のグループを数グループ作り、輪を作らせます。
④ 先生の指示に従って、先頭の児童がその動作をします。
⑤ 以下、同様に続け、先生の指示に従って最後の児童が先頭の児童と体がつながるまで、その状態を続けます（sticky）。
⑥ 先生に指示された動作を正しくできなかったり、ゲームの途中で列がくずれたグループは失格です。

❻ 指導上の留意点

① 目、口、鼻など、安全上問題がある部分をさわるような指示は出さないようにしましょう。
② 男子だけのグループ、女子だけのグループにする方がゲームを展開しやすいでしょう。

❼ 応用発展活動

1 活動に慣れたら、各グループの代表の児童に指示を出させてもよいでしょう。
2 先生／児童が出す指示に、Touch your friend's right/left shoulder. のように、right, leftを入れることによって指示された状態を続けることが難しくなりますが、より愉快な活動になります。

低・中学年 ❾
どの楽器を演奏できる友だちが多いかな？ — Interview Game　CD-㉛

❶ 活動目的と活動風景
　英語活動の時間は「インタビューゲーム」が花盛りです。これは、児童が、相手を自由に選んで話しかけたり、答えたり、コミュニケーション活動を楽しめるからでしょう。ここでは、「演奏できる楽器調べ」をテーマにしたインタビューゲームを紹介します。

❷ 単語と表現
単語：（楽器の名前）piano, organ, harmonica, recorder, Xylophone, violin, castanets, flute, など
表現：Can you play the piano? — Yes, I can. / No, I can't. / A little.

❸ 活動形態と所要時間
活動形態：全体
所要時間：15～20分

❹ 準備するもの
下図のようなインタビューシート（全員に配布）

❺ 活動の進め方
① 活動で必要な単語とたずね方、答え方をしっかり練習します。
② インタビューシートを全員に配布し、一定時間でできるだけ多くの友だちにインタビューして、友だちの演奏できる楽器を調べ、その友だちの名前を楽器の下の名前欄に記入することを説明します。
③ クラスを2つのグループに分け、前半はAグループの児童が質問し、後半はBグループの児童が質問します。
④ インタビュー終了後、何人かの児童を指名し、それぞれの楽器を演奏できる友だちを発表させます。

❻ 指導上の留意点
① 少し難しくなりますが、次のように質問させてもよいでしょう。
　I can play the piano. Can you?
② 学習段階、児童の実態に合わせて、インタビューシートの楽器の数を減らして実施してください。

❼ 応用発展活動
「相性の合う友だちは？」
　スポーツ、教科、食べ物、色などについて、友だちにインタビューします。
　What sport/subject/food/color do you like best?
または、
　What's your favorite sport/subject/food/color?
　例えば、好きなことがらが上記の4項目とも自分と同じであれば、「相性ピッタンコ」とする遊び感覚のインタビューゲームです。

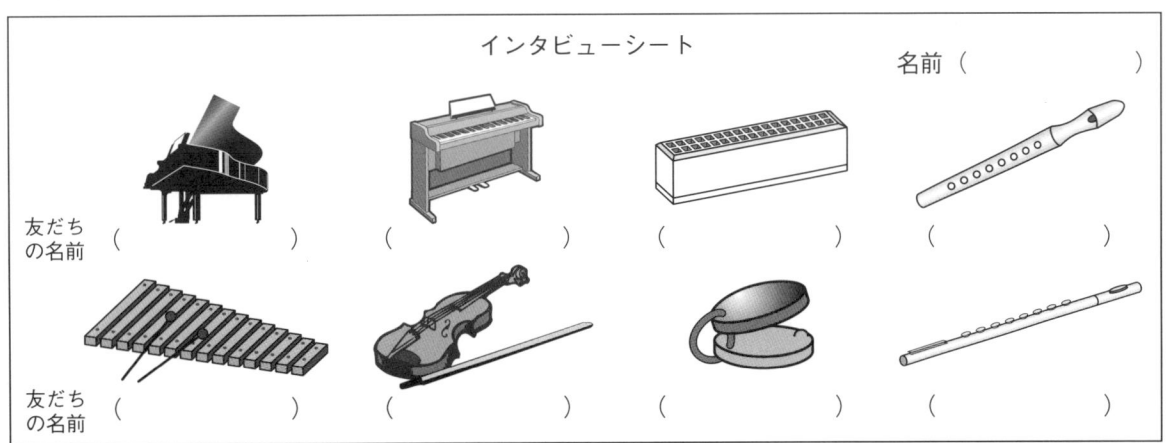

インタビューシート　　　　　名前（　　　　　）

友だちの名前	（　　　）	（　　　）	（　　　）	（　　　）
友だちの名前	（　　　）	（　　　）	（　　　）	（　　　）

中・高学年 1
トランプで算数ゲーム ― Math Game

CD-82

1 活動目的と活動風景

児童になじみ深いトランプを利用して算数の足し算、引き算の英語表現を身につけるゲームです。児童は「英語で算数」ということで好奇心が刺激されることに加え、「ラッキーナンバー」を設定することによってゲーム的要素が一段と増し、熱中します。

2 単語と表現

単語：数字（1〜26）
表現：（足し算）Two plus three is five.
　　　（引き算）Seven minus four is three.

3 活動形態と所要時間

活動形態：ペアまたは3〜4人のグループ
所要時間：約10分

4 準備するもの

① トランプ×ペアまたはグループ数
② 得点用のゲームチップ

5 活動の進め方

① 5〜6のグループを作り、輪になって座らせます。
② 各グループにトランプを1セットずつ渡し、52枚のカードを重ねて裏返しにして輪の中央に置かせます。（ジョーカーはぬいておきます。）
③ ゲームを始める前に、ラッキーナンバーをいくつか（例えば、7、9、15、21）を決めます。
④ 次の要領でゲームを進めます。（3人のグループで足し算の場合）
　S1：（カードを取り数字を見て）Seven.
　S2：（カードを取り、S1の数字に自分の取ったカードの数字を足し）Seven plus four is eleven.
　　　（別のカードを取り数字を見て）Nine.
　S3：（カードを取り、S2の数字に自分の取ったカードの数字を足し）Nine plus three is twelve.
　　　（別のカードを取り数字を見て）One.
　S1：……

⑤ どんどんゲームを進めていき、足し算した結果がラッキーナンバーであれば、大きな声で"Bingo!"と叫びます。ラッキーナンバーになった児童はゲームチップがもらえます。
⑥ ラッキーナンバーが出たあとも同様にゲームを進めていきます。一定の時間が経過した時点で、ゲームチップを最も多く獲得している児童の勝ちです。

6 指導上の留意点

① ゲームを始める前に、数字カードなどを利用して数字の練習を十分行ってください。
② 引き算は、－（マイナス）の概念が理解できてから行ってください。最初の児童が取ったカードの数字から次の児童が取ったカードの数字を引くと、Four minus ten is minus six. のように、答が－（マイナス）になる場合があるからです。

7 応用発展活動

1 英語で暗算
　次のように簡単な足し算、引き算を暗算させ、英語で言わせます。
　T : Five plus three is ...
　S1: Five plus three is eight.
　T : Eight minus four is ...
　S2: Eight minus four is four.

2 暗算ビンゴ
　「英語で暗算」に慣れれば、5×5のコマに2〜26の数字を入れたビンゴシートを作って「暗算ビンゴ」に挑戦してみましょう。先生が Five plus three ... と言えば児童は8の数字のマスに、Seven minus four ... と言えば3の数字のマスに目印を置いていきます。（「ビンゴ」の進め方については72頁参照）

中・高学年2
宝物探しゲーム — Hot and Cold

CD-83

1 活動目的と活動風景

児童の1人が宝物を探す人になり、他の児童たちは探し手が宝物に近づけば "Hot."、遠のけば "Cold." とヒントを与える宝物探しゲームです。「暖かい」「熱い」「焼けつくような」「涼しい」「寒い」「凍えるような」という寒暖の表現と前置詞が遊びの中で身につきます。

2 単語と表現

単語：（寒暖）warm, hot, sizzling, cool, cold, freezing
　　　（前置詞）in, on, under
表現：（命令文）・Come in.
　　　　　　　・Find the treasure.

3 活動形態と所要時間

活動形態：全体
所要時間：5～10分

4 準備するもの

宝物（ダイヤモンドの形に切り、色を塗った厚紙など）

5 活動の進め方

① 児童の中から、宝物を「隠す人」と「探す人」を1人ずつ決めます。
② 「探す人」は教室から外へ出ます。
③ 「隠す人」は教室のどこかへ宝物を隠し、自分の席に戻ります。
④ 他の児童は "Come in!" と大きな声で「探す人」を呼び戻します。
⑤ 児童の "Find the treasure!"（宝物を探せ）の掛け声で、「探す人」は宝物を探し始めます。児童は、「探す人」が宝物に近づいたら "Warm.（暖かい）"、より近づいたら "Hot（熱い）"、ごく近くに来たら "Sizzling.（焼けつくように熱い）"、また、遠のいたら "Cool.（涼しい）"、より遠のいたら "Cold.（寒い）"、さらに遠のいたら "Freezing.（凍りつくほど寒い）" とヒントを大きな声で与えます。「探す人」が宝物を見つけるまで続けます。

6 指導上の留意点

① ゲーム開始前に、warm, hot, sizzling, cool, cold, freezing の意味の説明と発音練習をし、児童が6つの単語の使い分けができるように準備します。
② 宝物を「隠す人」「探す人」以上に、ヒントを与える児童の役割は重要です。全員で大きな声でヒントを与えるように促してください。

7 応用発展活動

1 宝物を見つけたあとで、先生は "Where was the treasure?" と児童全員にたずねます。児童は "On the bookshelf." のように宝物のあった場所を答えます。
2 低学年でこのゲームをする場合は、ヒントを児童が知っている英語のうたにして、宝物に近づけば歌声を大きく、遠のけば歌声を小さく、というふうに進めます。

低・中学年10
感情表現ジェスチャー・ゲーム — Gesture Game　CD-84

❶ 活動目的と活動風景

　実際のコミュニケーションではことばとともに顔の表情や身ぶり（ジェスチャー）が大きな役割を果たします。このジェスチャーゲームでは、このことを児童に体験させるとともに、感情を表す表現や心身の状態を表す表現を、ゲームを通して体で覚えさせることを目的としています。先生も児童も、表情豊かに、おおげさなジェスチャーを行うことによって、楽しい雰囲気で英語による問答が活発に展開されます。

❷ 単語と表現

単語：(感情や心身の状態を表す表現) happy, sad, angry, surprised, tired, hot, cold, thirsty, hungry, full
表現：Are you angry? — Yes, I am. / No, I'm not.

❸ 活動形態と所要時間

活動形態：全体（ペア、グループでもよい）
所要時間：10分～15分

❹ 準備するもの

感情や心身の状態を表す絵カード（右頁参照）

❺ 活動の進め方

① 感情や心身の状態を表す絵カードを見せながら発音練習をさせます。
② 児童がこれらの単語を言えるようになったら、先生はカードから1枚選び、児童に見せないように裏にしておきます。
③ 先生は選んだカードの感情や心身の状態を顔の表情やジェスチャーで表現します。
④ 児童はジェスチャーを見て、わかれば、"Are you happy?"のように先生にたずねます。
⑤ あたっていれば、先生は "Yes, I am." と答えます。違っていれば "No, I'm not." と答え、ジェスチャーを続け、児童はあたるまでたずねます。
⑥ 活動に慣れたら、2人の児童を指名して、ペアで全体の前で行わせます。

❻ 指導上の留意点

① ジェスチャーをするとき、先生も児童も恥ずかしがらず、いろいろ工夫し、おおげさに表現することが大切です。
② 単語の数が多いと判断されれば、「感情を表す表現」と「心身の状態を表す表現」を別の時間に実施してもよいでしょう。

❼ 応用発展活動

　「活動の進め方」で示したジェスチャーゲームと同じ要領で、高学年の児童を対象に、「スポーツ」や「日課に関する表現」をテーマにして、現在進行形の学習とからめても楽しいジェスチャーゲームが進められます。

活動例
（絵カードは右頁参照）
児童A：裏向けた絵カードを引き、それがスケートをしている絵カードであれば、スケートをしているジェスチャーを行う。
児童B：Are you running?
児童A：No, I'm not.
児童B：Are you skiing?
児童A：No, I'm not.
児童B：Are you skating?
児童A：Right! / Bingo!

　なお、1回目の質問で正解であれば4点、2回目で正解であれば3点、3回目であれば2点、3回目も正解が得られなかったときは、What are you doing? とたずねることができれば1点といったルールを決め、グループ対抗戦で得点を競わせれば、児童はいっそう熱中します。

感情表現ジェスチャー・ゲーム

感情や心身の状態を表す絵カード

happy	sad	angry	surprised	tired
hot	cold	thirsty	hungry	full

スポーツの絵カード

skate	ski	swim	run	play soccer

日課の絵カード

brush my teeth	wash my hands	take a bath	drink water	have dinner

中・高学年 ③
連想ゲーム －クッキング編－ Association

CD-85

❶ 活動目的と活動風景

　いくつかの食材、調味料を組み合わせると、どんな料理ができるか連想するゲームです。家庭科の学習と関連させたこのゲームを通して、料理や食材の名称に親しませ、楽しく身につけさせます。男女を問わず、児童はこのゲームに興味を持って楽しく取り組みます。

❷ 単語と表現

単語：（食材、調味料の名称）tomato, potato, sausage, apple, carrot, curry powder, ketchup, pepper, onion, beef, lettuce, bread, rice, octopus, flour, mayonnaise, sauce, egg, cucumber, ham, pork, cabbage, sugar, butter, bun

　（料理の名称）curry and rice, hamburger, apple pie, steak, sandwich, hot dog, tako-yaki, okonomi-yaki, pancake

表現：What can you cook with potatoes, carrots, onions, beef, and curry powder? ― (We can cook) curry and rice.

❸ 活動形態と所要時間

活動形態：全体
所要時間：10～20分（食材、調味料、料理名に初出の単語が多い場合は20分）

❹ 準備するもの

右頁の食材、調味料、料理の絵カードの拡大コピー（黒板掲示用）

❺ 活動の進め方

① ゲーム開始前に、絵カードを用いて食材、調味料、料理名を発音練習します。
② 先生が絵カードの食材を指しながら、できる料理名を次のようにたずね、答を求めます。
　T：What can we cook with potatoes, carrots, onions, beef, and curry powder?
　S：(We can cook) curry and rice.
　T：（正解の場合）Right.（料理の絵カードのカレーライスを指しながら）We can cook curry and rice.
　（正解でない場合）Any ideas? とたずね、他の答を求め、正解が出るまで絵カードを示しながら食材や調味料名を繰り返します。
③ 以下同様に、先生が出題し、児童が答えます。

❻ 指導上の留意点

① 食材、調味料、料理名の練習に、右頁の絵カードを使って「ビンゴゲーム」を行うとよいでしょう。何度もゲームを楽しんでいるうちに、これらの単語が自然に身につきます。
② 先生が出題するとき、"With bread, eggs, ham, tomatoes, and cucumbers?" のように食材や調味料の部分をゆっくり繰り返してあげてください。
③ 単語の関係もありますので、当該の料理に必要なすべての食材、調味料が揃っていなくとも（主なものが揃えば）よいことにしておきましょう。

❼ 応用発展活動

「連想ゲーム－食材編」
　「クッキング編」とは逆の要領で、料理に必要な食材を考えさせるゲーム「食材編」にも、児童は楽しんで取り組みます。
会話例
T ：What do you need for hamburger?
S1：Beef and onion.
T ：Anything else?
S2：Lettuce.
T ：Good! Anything else?
S3：Bun.
T ：Great!（食材と料理の絵カードを指しながら）We need beef, onion, lettuce, and bun for hamburger.

連想ゲーム―クッキング編

食材、調味料の絵カード

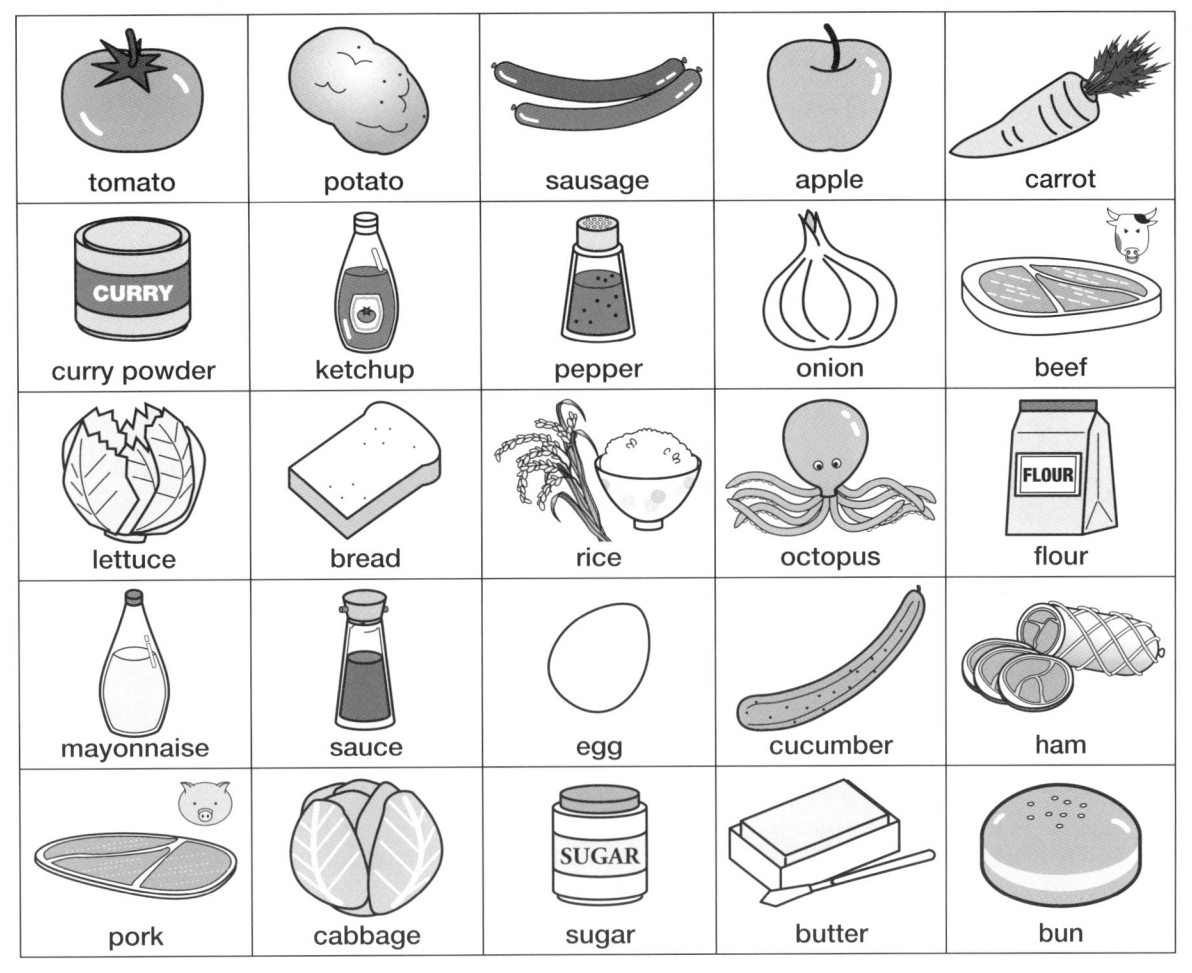

tomato	potato	sausage	apple	carrot
curry powder	ketchup	pepper	onion	beef
lettuce	bread	rice	octopus	flour
mayonnaise	sauce	egg	cucumber	ham
pork	cabbage	sugar	butter	bun

料理の絵カード

curry and rice	hamburger	apple pie
steak	sandwich	hot dog
tako-yaki	okonomi-yaki	pancake

中・高学年 4
借り物競争 — Borrowing Game

CD-86

① 活動目的と活動風景

運動会の「借り物競争」を思い浮かべてください。数人一組の児童がメモ用紙に指示された学用品を借りるために、他の児童に、その学用品を持っているかどうかたずね、持っていれば借用を依頼し、借用するゲームです。学用品をできるだけ早く借りるために児童は教室を動き回り、教室は児童の話す英語で騒然となるでしょう。

② 単語と表現

単語：（学用品）pencil, eraser, marker, ruler, triangle, stapler, など

表現：
- Do you have a pencil? — Yes, I do. / No, I don't.
- Please lend me your pencil? — Sure. Here you are.
- Thank you.

③ 活動形態と所要時間

活動形態：全体、借り物競争自体は数人のグループ
所要時間：約20分

④ 準備するもの

① 上の学用品の絵カード。各数枚ずつ準備し、各児童に1枚ずつ配布（67頁参照）
② 借り物リスト。借り物競争出場者が借りる学用品の絵を2点ずつ描いた数種類の借り物リスト

例

借り物リスト
　次の2つの学用品を友だちから借りましょう。

⑤ 活動の進め方

① 先生とALTで会話と活動の進め方のモデルを示しながら、借り物競争に必要な表現、および学用品名を練習します。

ALT：（借り物リストを見て）Do you have a ruler?
HRT：Yes, I do. / No, I don't.
ALT：（Yes. の場合）Please lend me your ruler.
　　（No. の場合は）Good bye. と言って、別の児童のところへ移動し、同様にたずねます。
HRT：Sure.（ものさしの絵カードを渡しながら）Here you are.
ALT：（ものさしの絵カードを受け取りながら）Thank you.

② 借り物競争に出場する児童数名を指名し、借り物リストを渡します。
③ 先生の "Ready, set, go." という合図で、借り物競争出場者は他の友だちに、上の会話例にしたがって学用品を借りて回ります。
④ 2つの学用品を早く借りた児童が勝ちです。
⑤ 次の借り物競争出場者を指名し、同様にゲームを進めます。

⑥ 指導上の留意点

このゲームは運・不運に左右されます。このような場合でも、児童に勝ち・負けにあまりこだわらないように指導しておきましょう。

⑦ 応用発展活動

借り物リストの学用品の数を増やすと、より会話量が増え、よりエキサイティングな活動になります。

中・高学年 5
20の扉 －動物編－ Twenty Questions

CD-⑧⑦

① 活動目的と活動風景
　先生の "I'm an animal." というヒントだけで、児童が先生に、色、体の大小、体の部分の特徴、好きな食べ物、運動能力について一般疑問文で質問し、数種類の動物の中からその動物をあてるクイズです。児童は動物をあてるためにいろいろ推理しながら、次々に先生に質問します。正に児童が自ら進んで生き生きと発話する活動が展開できるでしょう。

② 単語と表現
単語：(動物名) elephant, lion, monkey, giraffe, penguin, kangaroo, など
　　・色、大・小、高・低、長・短を表す形容詞
　　・身体の部分の名称
　　・食べ物名
　　・運動に関する動詞
表現：一般疑問文
　　（色・大小など）Are you gray?
　　（身体的特徴）Do you have large ears?
　　（好きな食べ物）Do you like apples?
　　（運動能力）Can you run fast?

③ 活動形態と所要時間
活動形態：全体
所要時間：15～20分

④ 準備するもの
数種類の動物の絵カード（大判）、各1枚（絵カードは19頁参照）

⑤ 活動の進め方
① 活動で使用する単語や文を簡単に復習します。
② 先生は絵カードを1枚選んで裏返しにして教卓に置きながら、"I'm an animal. Guess what I am." と呼びかけます。
③ 児童は、色、体の大小などについて先生に自発的に次の要領で質問し、動物の名前がわかれば、"Are you a lion?" などとたずねます。

T ：（絵カードを裏返しに教卓に置きながら）
　　I'm an animal. Guess what I am.
S1：Are you big?
T ：Yes, I am.
S2：Are you gray?
T ：No, I'm not.
S3：Do you like meat?
T ：Yes, I do.
S4：Can you run fast?
T ：Yes, I can.
S4：Are you a lion?
T ：Right.（絵カードを見せながら）I'm a lion.
　なお、質問の順序は何からたずねてもかまいません。また途中で答がわかれば手を挙げて答えることができます。
④ 同じ要領で、他の絵カードについて次々に進めます。

⑥ 指導上の留意点
① 児童は一般疑問文で質問し、先生はYes.、No. で答え、余分なヒントを与えないことが児童の自発的な発話を引き出し、活動を活発にするポイントです。
② 単語と表現で挙げた言語材料をすべて学習していなくとも、「20の扉」を十分楽しめます。

⑦ 応用発展活動
「動物クイズ作り」
　体の大小、色、身体の部分の特徴、好きな食べ物、運動能力のうち、3～4項目を組み合わせて、「動物クイズ作り」に挑戦させてみましょう。出題するクイズの動物の絵もかかせると、児童は喜々として取り組みます。
例：I'm an animal. I'm big. I'm gray.
　　I like bananas. I can run. What am I?

中・高学年 ❻
神経衰弱 －学用品、日常生活用品－ Concentration

CD-88

❶ 活動目的と活動風景

　裏向きにしてバラバラに配置した15種類、30枚の学用品の絵カードから2枚の同じ絵カードを見つける「神経衰弱」です。集中力と記憶力が必要ですので、児童は熱中します。この神経衰弱を利用していろいろなカテゴリーの単語の学習ができますが、ここでは学用品名、単数形と複数形、さらに「持っているもの」を伝える文の学習に発展させます。

❷ 単語と表現

単語：(学用品) pencil, ballpoint pen, mechanical pencil, crayon, marker, eraser, pencil case, pencil sharpener, textbook, notebook, ruler, triangle, compass, stapler, bag
　　　(部屋にあるもの) desk, chair, bookcase, table, bed, sofa, desk lamp, clock, CD player, TV, computer, vase, telephone, refrigerator, wastebasket

表現：・I have a pencil.
　　　・I have two pencils.

❸ 活動形態と所要時間

活動形態：ペアまたは3～4人のグループ
所要時間：15～20分

❹ 準備するもの

(右頁の学用品の絵カード各2枚のセット) ×(ペアまたはグループ数)

❺ 活動の進め方

① 学用品の名前を絵カードを見せながらしっかり発音練習をします。
② 各ペアまたはグループに学用品の絵カードのセットを配布し、それらをバラバラにして裏に向けて机上に並べさせます。
③ 児童は神経衰弱の要領で絵カードをめくり、絵を見て例えば"A pencil. I have a pencil."と言ってからもう1枚絵カードをめくります。同じ絵カードであれば、"Two pencils. I have two pencils."と言って2枚のカードを取り、さらに絵カードをめくっていきます。絵カードが異なる場合は、"A notebook. I have a notebook."のように言ってカードを元に戻し、次の児童と交代します。
④ 取った絵カードの枚数の多い児童が勝ちです。

❻ 指導上の留意点

① 児童はゲームに熱中すると英語で発話することを忘れがちになります。絵カードを取ったあと、必ず英語を言うように注意を促してください。
② このゲームに慣れるまで、"A pencil."、"Two pencils."のように言わせ、慣れてきた段階で"A pencil. I have a pencil."、"Two pencils. I have two pencils."と言わせてもよいでしょう。
③ 神経衰弱では、絵カードの種類が少なすぎると簡単になり、多すぎると複雑になりおもしろくありません。12、3～20種類程度がよいでしょう。

❼ 応用発展活動

1 「学用品」の神経衰弱の例を紹介しましたが、右頁の絵カードを使って「部屋にあるもの」についても楽しみましょう。
2 右頁の絵カードを利用して、「カルタ」も楽しめます。(カルタの進め方については68頁参照)

神経衰弱―学用品、日常生活用品

学用品の絵カード

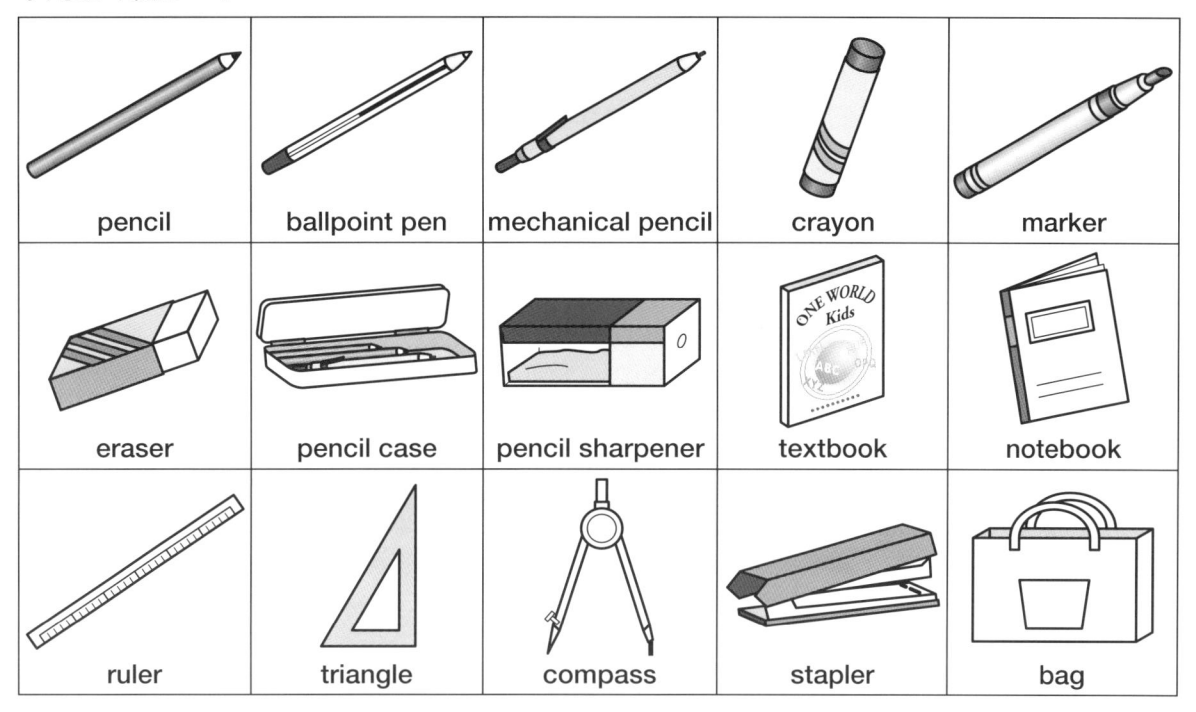

pencil	ballpoint pen	mechanical pencil	crayon	marker
eraser	pencil case	pencil sharpener	textbook	notebook
ruler	triangle	compass	stapler	bag

部屋にあるものの絵カード

desk	chair	bookcase	table	bed
sofa	desk lamp	clock	CD player	TV
computer	vase	telephone	refrigerator	wastebasket

高学年 1
日課カルタ — Playing Cards

CD-89

① 活動目的と活動風景

「カルタ」は英語活動の定番的な活動の一つです。これは，日本の伝統的なゲームであるカルタは、児童になじみ深いものであることに加え、英語を聞いて、その英語にあたる絵カードを探して取るという全身反応的な行為が、英語の理解、定着に効果があるからです。ここでは、カルタを繰り返し楽しみ、日常生活を表す表現に慣れ、身につけるカルタを紹介します。

② 単語と表現

語句：（日常生活を表す語句）get up, brush my teeth, wash my face, have breakfast, go to school, study science, have lunch, play soccer, come home, read books, play the piano, have dinner, listen to CDs, watch TV, take a bath, go to bed, など

表現：（日課を表す表現）・I get up at seven.
・I brush my teeth.
・I have breakfast. など

③ 活動形態と所要時間

活動形態：3～5人のグループ
所要時間：10～15分

④ 準備するもの

① 右頁の絵カードを各グループに1セット
② 右頁の絵カードの内容を英文にした読み札を1セット（先生用）
読み札の例

```
I study science.
```

⑤ 活動の進め方

① 3～5人のグループに分け、各グループに絵カードを1セットずつ配布し、机の上に表向きに並べさせます。
② 先生が読み手になり、あらかじめ準備しておいた読み札を "I get up at seven." のように読み、児童はその英語に合う絵カードを探し、取ります。
③ 各グループで児童が正しい絵カードを取ったかどうか確認し、先生が次の読み札を読みます。
④ 以下、同じ要領で、絵カードがなくなるまで続けます。
⑤ 絵カードをたくさん取った児童の勝ちです。

⑥ 指導上の留意点

① カルタをする前に、右頁の絵を使って、何度か「ビンゴゲーム」を行い、日常生活を現す語句や表現に慣れさせておくことが大切です。
② カルタの場合もビンゴの場合も、まず語句を聞くことに慣れさせてから、文を聞かせるというステップを踏むとよいでしょう。
③ 時刻が示されている絵カードについては、"I go to bed at ten." のように読みます。また日課表現に慣れたら、"I go to bed at ten at night." のように読んであげましょう。
④ カルタを何度か実施し、「日常生活を表す語句や表現」に慣れれば、児童が正しい絵カードを取ったかどうかを確認する際、英語で語句や表現を言わせるとよいでしょう。ただし、英語で発話させることを急がないようにしましょう。

⑦ 応用発展活動

1 読み手の先生が "I'm brushing my teeth." のように読みカルタを行うと、「いま、～している」という意味を表す現在進行形に習熟させる活動として利用できます。

2 神経衰弱
　各グループに右頁の絵カードを2セットずつ配布して、「神経衰弱」を楽しませてもよいでしょう。(66頁参照) 同じ絵カードを2枚引いたとき、"get up" または "I get up at seven." と言えればカードがもらえます。

3 学習段階や発達段階に応じて、「動物カルタ」「果物カルタ」「学用品カルタ」「数字カルタ」など、いろいろなカルタ取りが楽しめます。

日課カルタ

日課の絵カード

get up	brush my teeth	wash my face	have breakfast
go to school	study science	have lunch	play soccer
come home	read books	play the piano	have dinner
listen to CDs	watch TV	take a bath	go to bed

高学年 2
6つの間違い探し — Spot the Differences

CD-⑨⓪

❶ 活動目的と活動風景

　観察力の鋭い児童期の子どもたちは、間違い探しが大好きでまた得意です。この間違い探しの手法を利用して、2枚の絵カードを見比べて、動物の数や動物が行っている動作の違いを見つけて発表させます。児童は夢中になって英語を使うでしょう。

❷ 単語と表現

単語：（動物の名前）giraffe, bird, tiger, rabbit, lion, monkey, zebra, duck, hippo, など
　　　（動作を表す動詞）walk, run, jump, fly, swim, roar, sleep, eat, drink, など
表現：・The tiger is running.
　　　・Two monkeys are jumping.

❸ 活動形態と所要時間

活動形態：全体
所要時間：10〜15分（単語の復習から始める場合は15〜20分）

❹ 準備するもの

右頁の2枚1組の絵カードの拡大コピー（黒板掲示用）

❺ 活動の進め方

① 先生が「A、B 2枚の絵を見比べて、動物の数やしている動作の違いを見つけ、英語で言ってみよう」と呼びかけます。次に「Aの絵のトラは歩いているが、Bの絵では何をしているのかな？」とヒントを与えます。
② 児童から「走っている」といった発言があったところで、先生が"Good! The tiger is running."と、見つけた違いの発表の仕方のモデルを示します。
③ 以下、"lion"、"monkey"…といったヒントを与え、違いを見つけた児童を指名し、発表させていきます。
④ Aの絵と比べ、Bの絵の6つの内容の違いを見つけ、発表が終了すれば、今度はBの絵と比べ、Aの絵の6つの内容の違いを見つけて発表させます。この際、先生からのヒントはなくてもよいでしょう。

❻ 指導上の留意点

① 現在進行形が十分に身についていない場合は、その復習から始めてください。
② 違いを見つけ、発表する児童の英語が、例えば、"Three bird flying."といった誤ったものであっても、内容が正しければ"Very good."とほめ、"Three birds are flying."と正しい英語を示す程度でよいでしょう。"Three bird flying."でも立派に通じますし、児童は正しい英語に繰り返し触れれば、そのうちに正しい英語を身につけていきます。

❼ 応用発展活動

1「記憶ゲーム」
　「間違い探し」と同様に、観察力が鋭く、記憶力が旺盛な児童期の子どもは「記憶ゲーム」も好みます。1枚のパノラマの絵を見せ、一定時間で絵の内容を記憶させ、英語で発表させます。児童は夢中になって英語を使用します。
　例えば、右頁のAの絵カードを使用して「記憶ゲーム」を実施する場合、「何が何をしているか、何頭あるいは何羽が何をしているか注意して、2分間観察しよう」と児童に呼びかけます。2分間経過後に、黒板の絵をはずし、児童にどんどん発表させていきます。
2「Q&Aゲーム」
　AまたはBの絵カードを見て、次の要領でペアで交互にQ&Aを行い、いくつ正しくQ&Aを行えたかペア単位で競います。
　S1：What is the tiger doing?
　S2：It's walking.　What is the lion doing?
　S1：It's roaring.　What is the elephant doing?
　S2：…

6つの間違い探し

Aの絵カード

Bの絵カード

高学年 ❸
職業ビンゴ ― Bingo

CD-91

❶ 活動目的と活動風景

　ビンゴは英語を聞いて、その英語に該当する絵を見つけ、目印になるものを置いていくだけの単純なゲームですが、どの学年の児童にも非常に人気があります。それゆえ、児童はこのゲームに何度も挑戦したがり、ゲームを楽しみながら目標とする単語を身につけていきます。ここでは、児童の将来の夢を語る自己表現活動につながる「職業ビンゴ」を紹介します。

❷ 単語と表現

単語：（職業名）cook, hair dresser, teacher, police officer, fire fighter, dentist, nurse, pilot, flight attendant, pianist, carpenter, soccer player, office worker, doctor, animal doctor, singer, など

❸ 活動形態と所要時間

活動形態：全体。活動に慣れれば、数人のグループでもよい。
所要時間：1回目は30分、2回目以降は10～15分

❹ 準備するもの

① ビンゴシートを児童の人数分（右頁参照）
② オハジキなど目印になるものを16×児童の人数分
③ 右頁の職業名の単語の読み札（先生用）

teacher

❺ 活動の進め方

① ビンゴシートと目印になるものを全員に配布します。
② ビンゴシートを見ながら職業名を練習します。
③ ビンゴシートの空欄に、欄外の職業を表す絵をかかせます。記入場所は児童に自由に選ばせます。
④ 先生があらかじめ準備しておいた読み札を "cook"、"pilot"、"nurse"…のように読み上げていきます。
⑤ 児童は該当する絵を見つけ、目印になるものを置いていきます。
⑥ 目印がタテ、ヨコ、ナナメのいずれか1列に並べば、即座に大きな声で "Bingo!" と叫びます。いちばん早く叫んだ児童に答を確認し、正しければ得点を与えます。なお、答を確認する際、日本語でもかまいませんが、できれば英語で言わせてください。
⑦ 以下、少しずつスピードを上げながら、予定の時間になるまでゲームを進めます。

❻ 指導上の留意点

① 最初の職業名の練習は十分行う必要がありますが、児童はゲームを通して覚えていきますので、2回目以降はほどほどでよいでしょう。
② 児童に絵をかかせると時間がかかりますので、ビンゴシートの空欄には日本語で「けいさつかん」のように記入させるのも一つの方法です。あるいは、欄外の職業を表す絵のコピーを配布し、切り取ってビンゴシートの空欄に貼りつけさせてもよいでしょう。

❼ 応用発展活動

1️⃣ ビンゴゲームで先生が読み上げる英語は一般的には単語ですが、次のように文や否定文と肯定文の2文を続けて読み上げても児童にとってよい学習になります。
　・I want to be a teacher.（teacher のところに目印を置いていく）
　・I don't want to be a teacher. I want to be a cook.（cook のところに目印を置いていく）

2️⃣ ビンゴは児童に人気のあるゲームですので、「食べ物ビンゴ」、「動物ビンゴ」「スポーツ名ビンゴ」など、いろいろなカテゴリーの単語、またアルファベットの学習や数字の学習に活用してください。

職業ビンゴ

職業ビンゴシート

cook	hair dresser	teacher	
police officer	fire fighter		dentist
nurse		pilot	flight attendant
	pianist	carpenter	soccer player

office worker	doctor	animal doctor	singer

中・高学年 7
ワニさん、川を渡らせて — Mr. Crocodile　CD-92

① 活動目的と活動風景

ワニ役の児童に捕まらないように川を渡る英語圏の集団遊びです。身につけているものの「色」で、川を安全に渡れるか、捕まる危険を負うかが決まります。問答のことばをチャントのように言いながらゲームを進めます。色の他に、許可を求める表現や条件を表す表現を繰り返し発話し、いつの間にか楽しく身につけていきます。

② 単語と表現

単語：色
表現：・Please, Mr. Crocodile, may we cross your golden river? — If you're wearing green.
　　　・I'm wearing green.

③ 活動形態と所要時間

活動形態：クラス全体
所要時間：10分

④ 準備するもの

間隔をあけて向かい合って列を作るスペース

⑤ 活動の進め方

① 児童の中から1人、ワニ（crocodile）役を決めます。
② 教室の中央を川に見たて、川岸に2本の平行の線を引きます（床の板の目などを利用して目印を置くだけでもよい）。ワニ以外の児童は川の一方の岸（線）に川の方を向いて1列に並びます。
③ ワニ役の児童は、児童の列に向かい合った状態で川の中央に立ちます。
④ 川岸の児童は声を合わせて、"Please, Mr. Crocodile, may we cross your golden river?" と言います。（以下CDに収録されています）
⑤ ワニ役の児童は、色を一色決め、"If you're wearing green."（緑色を身につけていればいいよ。）と答えます。
⑥ ワニ役が選んだ色を身につけている児童は "I'm wearing green." と言い、その色を示しながら対岸に移動します。身につけている色は、服全体の色でなくても、服の模様・刺繍、髪飾りやリボンの色などどんな小さなものでも構いません。
⑦ ワニ役の児童は、川を渡れずに残った児童に、両手を1回打って合図を送ります。
⑧ 合図とともに、残った児童は一斉に川を渡ります。ワニ役は、渡ろうとする児童の背中をタッチします。
⑨ ワニ役に背中をタッチされた児童はワニの仲間になり、川の中央に残ります。
⑩ 全員ワニの仲間になるまで、④〜⑨を色を変えて繰り返します。最後にワニの仲間になった児童が次のワニ役になります。

⑥ 指導上の留意点

① ゲームに使う表現を十分に練習してから始めます。
② ワニの合図で川を一斉に渡るときに、慌てて走って危ないような場合は、「走るとアウト」など、安全さを保てるルールを決めて始めましょう。

⑦ 応用発展活動

1　活動の進め方⑦で、ワニ役は両手を打つ代わりに、
"Try to cross the river."
"Cross the river now."（now で渡る）
などと言って活動を進めてもよいでしょう。

2　ワニ役は、色を言う代わりに次のような条件を言ってもよいでしょう。
① "If you're wearing T-shirt/shorts/socks."（衣服の名称）
② "If you have a dog/brother/handkerchief."（have動詞で言えるもの）
③ "If you were born in April."（誕生月）

3　英語圏では、ワニが許可を与えるとき、"If you're wearing green." ではなく、"Not unless you're wearing green."（緑色をつけていないとダメだよ。）と言います。
活動に慣れれば、この表現を使わせてもよいでしょう。

ワニさん、川を渡らせて

④ Please, Mr. Crocodile, may we cross your golden river?

⑤⑥ If you're wearing green.
I'm wearing green.
I'm wearing green.

⑦

⑧

⑨

高学年 4
アルファベット4目並べゲーム — Tick-Tack-Toe

CD-93

❶ 活動目的と活動風景

自分が言ったアルファベットの上にチップを置いていき、タテ・ヨコ・ナナメに4つのチップが並んだら勝ちの「4目並べ」ゲームです。相手のチップを4つ並ばせないように阻止しながら進めます。アルファベット26文字に慣れ親しませる、児童が夢中になるゲームです。

❷ 単語と表現

アルファベット：大文字または小文字（26文字）

❸ 活動形態と所要時間

活動形態：ペア、または4人のグループ
　　　　　着席状態で机使用、または、床に座る
所要時間：5～10分

❹ 準備するもの

① 文字シート：アルファベット26文字のシート（6×4+2または4×6+2文字）×ペアまたはグループ数（右頁参照）
② チップ：2色のチップを各13枚×人数分

❺ 活動の進め方

① 先生は文字シート1枚とチップ2色各13枚を各ペア（グループ）に配ります。
② 各ペアは並んで座り、文字シートを机（床）の上に置き、チップの色を決めて13枚ずつ持ちます。
③ 各ペアは、ジャンケンもしくは他の方法で先攻、後攻を決めます。
④ 先攻の児童は、文字シートのアルファベット26文字の中から自分が言える文字を1つ選んで、言います。正しく言えれば、その文字の上にチップを置くことができます。
⑤ 後攻の児童も同様にアルファベットの文字を1つ言い、正しく言えればチップを置きます。
⑥ タテ・ヨコ・ナナメのいずれかに、先にチップが4つ並んだ方が勝ちです。相手のチップを4つ並べさせないように阻止しながら進めます。

❻ 指導上の留意点

① ペアで勝敗が偏り過ぎる場合は、2人対2人のチーム対抗戦にします。
② このゲームは、阻止したいマスのアルファベットが言えるかどうか、また、阻止ミスがないかどうかで勝敗が決まります。まれに、双方ともアルファベットがすべて言え、完璧に相手を阻止した場合、勝負がつかないことがあります。そのような場合のために、先生はゲーム開始前に、アルファベット26文字のカードの中からアトランダムにどれか1枚ラッキー・カードを選んで、裏向きに黒板に貼っておきます。全チップを置き終えても勝負がつかないペアは、ラッキー・カードの文字にチップを置いていた方が勝ちになります。

❼ 応用発展活動

同じ文字シートを使って、アルファベットの文字を言う代わりに、「そのアルファベットで始まる単語」や「そのアルファベットの音（フォニックス）」を言うルールに替えて、同様に4目並べをすることができます。

また、シートは、数字、既習単語などいろいろ応用できます。

アルファベット4目並べゲーム

A	B	C	D	E	F
G	H	I	J	K	L
M	N	O	P	Q	R
S	T	U	V	W	X
Y	Z				

				a	b
c	d	e	f	g	h
i	j	k	l	m	n
o	p	q	r	s	t
u	v	w	x	y	z

中・高学年 8
どれが違うかな ― Find the Odd One Out
CD-94

1 活動目的と活動風景
　単語を4つ聞いて、1つだけ他と異なるカテゴリーのものを言い当てるゲームです。設問の仕方によって非常に知的なゲームになりますので、学年を問わず児童は楽しみます。また、さまざまなカテゴリーから単語をたくさん使えるので、既習単語のスパイラルな学習や総復習になります。

2 単語と表現
単語：動物、果物、野菜、色、スポーツ、教科、文具など、さまざまなカテゴリーの既習単語
表現：Find the odd one out. Monkey, cat, carrot and dog. ― Carrot. (Carrot. It isn't an animal.)

3 活動形態と所要時間
活動形態：全体、グループ対抗など、さまざまな形態で活動できます
所要時間：5分。出題数に応じて所要時間は増減できます

4 準備するもの
同一カテゴリーから3つの単語、別カテゴリーから1つの単語、計4つの単語を1組とする設問絵カードを複数枚（右頁参照）

5 活動の進め方
① 先生は設問絵カードを生徒に見えないように手に持ち、"Find the odd one out." と言い、"Monkey, cat, carrot, and dog." と設問絵カードの4つの単語を1つずつゆっくり発音します。
② 答がわかったら手を挙げるよう児童に指示し、先生はもう一度ゆっくり4つの単語を言います。あまり手が挙がらないようであれば、更にもう一度言います。
③ ほぼ全員の手が挙がるのを確認してから、先生は1人の児童を指名し、答を言わせます。答えるとき、中学年には "Carrot"、高学年には "Carrot. It isn't an animal." というふうに、理由も言わせます。
④ 児童の答を聞いてから、先生は "Who has the same answer?（その答だと思う人は手を挙げて）" と他の児童にも問いかけます。なお、"Who has a different answer?" と問いかけ、他の答を聞いてもよいでしょう。
⑤ ほぼ全員の答が同じであれば、カードを表返して全児童に絵を見せ、答の確認をします。
⑥ 他の設問絵カードについても同様に進めます。

6 指導上の留意点
① 設問絵カードは、最後に児童に見せて答の確認をするためのものです。児童が見て単語のカテゴリー分類がわかりやすい絵カードにします。
② このゲームのように、1人を指名して答を言わせるゲームでは、"Who has the same answer?" と他の児童にも問いかけ手を挙げさせることによって、指名されなかった児童も満足感が得られます。

7 応用発展活動
　このゲームに慣れれば、設問を複雑にします。単語のカテゴリーに関する設問だけでなく、発音や内容など「そうだったか！」「なるほど！」と児童をうならせる問題を考えてみてください。児童に問題を作らせてもよいでしょう。

例：ten, hen, pen, bed（発音：語尾が en）
　　book, desk, ball, door（形：四角い物）
　　milk, tomato, snow, cloud（色：白い物）
　　soccer, basketball, baseball, swimming
　　（スポーツの種類：球技）
　　car, truck, bike, helicopter
　　（乗り物：陸上）
　　mother, father, grandfather, brother
　　（家族の名称：男性）
　　dram, piano, xylophone, castanets
　　（楽器：打楽器）

どれが違うかな

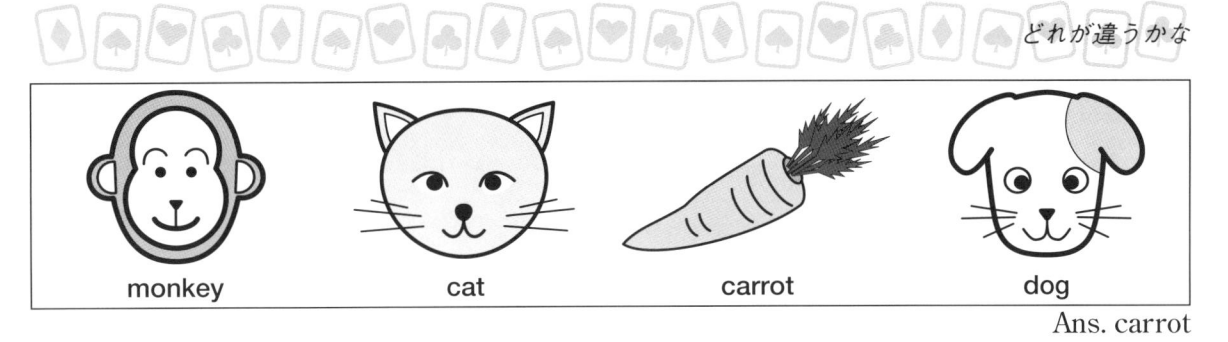

| monkey | cat | carrot | dog |

Ans. carrot

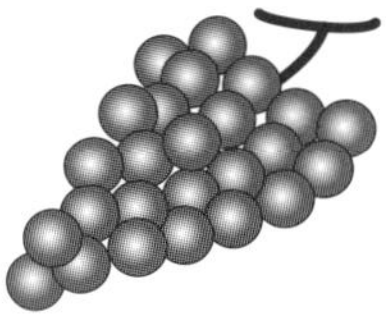

| grapes |  potatoes |  apples |  pears |

Ans. potatoes

| 月曜 | 土曜 | 火曜 | 2月 |
| Monday | Saturday | Tuesday | February |

Ans. February

| happy | windy | rainy | cloudy |

Ans. happy

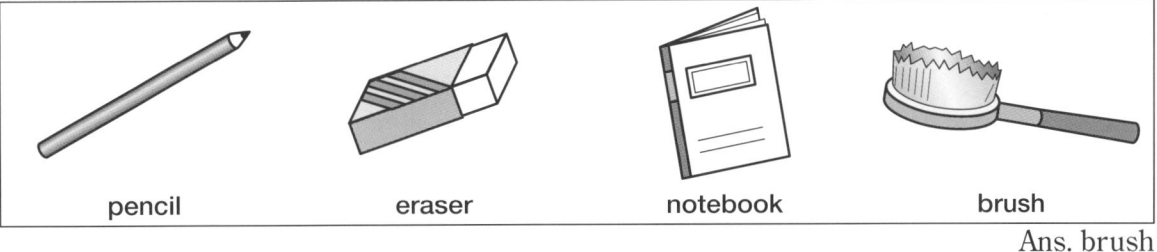

| pencil | eraser | notebook | brush |

Ans. brush

| 10 | 1st | 6 | 3 |
| ten | first | six | three |

Ans. first

中・高学年 ⑨ 自己表現すごろく — Backgammon

CD-95

① 活動目的と活動風景

すごろくはカルタとともに日本の子どもたちの伝統的なゲームです。このすごろくを利用して、1年間に学習したことがらを総復習します。偶然性に勝敗が大きく左右されるゲームですので、児童はかえって夢中になって取り組み、英語をどんどん使ってくれます。

② 単語と表現

単語及び表現については、「活動の進め方」参照

③ 活動形態と所要時間

活動形態：ペアまたは3〜4人のグループ
所要時間：20〜30分。但し、1年間の総復習後に実施する場合は45分

④ 準備するもの

① さいころとすごろく（右頁参照）×ペアまたはグループの数
② 目印になるもの（オハジキなど）×人数分

⑤ 活動の進め方

① さいころを振る順番を決める。
② さいころを振って、その目だけ進み、次の要領でそのマスの問題に答える。
- クエスチョンマーク：❓
   日本語の質問に、そのマスの絵を見て英語で答えます。
  4. 何時？　　It is 7:30.
  6. 何歳？　　I'm 11 (years old).
  12. 名前は？　My name is Yamada Taro.
  15. 欲しい物は？　I want a computer.
  19. 好きな果物は？　I like apples.
  21. 電話番号は？　It's 03-1234-5678.
  24. 持ってる物は？　I have a camera.
  26. 好きな教科は？　I like math.
- できるよマーク：
   自分のできることと仮定して、そのマスの絵の内容を英語で言います。
  1. I can swim.
  9. I can play soccer.
  11. I can eat carrots.
  22. I can play the piano.
- アクションマーク（動作だけの絵）
   そのマスの絵の動作をするように、ペアの相手またはグループの友だちに指示します。
  8. Shake hands.
  14. Jump.
  17. Touch your head.
  23. Sing a song/songs.
  27. Clap your hands.
- 動物マーク（動物の顔の絵）
   そのマスの動物の鳴き声を言います。
  2. ブタ　　oink, oink
  5. ネコ　　meow, meow
  10. アヒル　quack, quack
  16. 犬　　　bowwow
  25. 牛　　　moo, moo
- ラッキーマーク：✌
   もう1度さいころを振れます。
- アンラッキーマーク：☹
   1回休みです。

③ マスの問題に対して正しい答が言えれば、そのマスにとどまります。正しい答が言えなかったり間違えれば、2マスあとに戻ります。
④ 早くゴールに入った児童が勝ちです。

⑥ 指導上の留意点

① 先生はていねいに机間巡視をし、英語がうまく言えない児童の手助けをしてあげてください。
② 活動後に、児童に共通する誤りについては全体指導で注意を促し、定着を図ることが大切です。

⑦ 応用発展活動

活動に慣れた段階で、「クエスチョンマーク」や「できるよマーク」のところで自分自身のことを答えるようにすれば、文字通り自己表現すごろくになります。

自己表現すごろく

ルール
- ❓では、日本語の質問にマスの絵を見て英語で答えよう。
  4. 何時？　6. 何歳？　12. 名前は？　15. 欲しい物は？　19. 好きな果物は？
  21. 電話番号は？　24. 持っている物は？　26. 好きな教科は？
- 😃では、自分のできることとして、絵の内容を英語で言おう。
- 動作の絵では、友だちにそのマスの絵の動作をするように言おう。
- 動物の絵では、その動物の鳴き声を英語で言おう。
- ✌では、もう一度さいころを振る。
- ☹では、1回休み。

高学年 5
スイカ割り — Giving Directions

① 活動目的と活動風景

　夏の海岸の風物詩の一つ、スイカ割りを英語で行います。グループ全員が協力してスイカを割ります。（実際にはボールをたたきます。）児童は、"Go straight." "Turn right." などの指示をして、タオルで目隠ししたオニの児童をスイカ（ボール）に導きます。早くスイカ（ボール）を打つためには、適切な指示がポイントになります。

② 単語と表現

表現：(指示する)　・Go straight.
　　　　　　　　・Turn right/left.
　　　　　　　　・Go forward/backward.
　　　　　　　　・Stop.
　　　　　　　　・Hit the ball.

③ 活動形態と所要時間

活動形態：7、8〜10人のグループ
所要時間：15〜20分

④ 準備するもの

① 大きめのボール（スイカの代用品）
② 新聞を丸めて作った棒
③ 目隠し用のタオル

⑤ 活動の進め方

① クラスを3〜4グループに分け、オニを1人ずつ決めます。
② 目隠しをしたオニから10メートルぐらい離れたところにボールを置きます。
③ 同じグループの児童は、全員で "Go straight. Turn left. ..." のように指示し、オニをボールのある場所に導きます。その際、オニが他の児童の歓声などで指示が聞き取れなかったときには、"Pardon?" と指示の繰り返しを求めます。
④ オニがボールをたたけそうな場所に来たら、同じグループの児童は、オニに "Stop! Hit the ball." と指示します。
⑤ オニがボールをたたくことができれば、スイカ割りは成功です。

⑥ 指導上の留意点

① この種のゲームでは、「準備するもの」で示したように安全に対する配慮が必要です。同じ理由で、教室よりも運動場か体育館で実施するとよいでしょう。
② 各グループのスイカ割りが成功するまでのタイムを競わせると、一段とエキサイティングな活動になり、児童は大いに盛り上がります。

⑦ 応用発展活動

「自宅までの道案内」
　スイカ割りで使用した表現を使って、学校から自宅までの地図を作成し、「自宅までの道案内」を次の要領で行うことができます。
① ペアになり、ペアの相手に自宅までの通学路を英語で指示します。
② 指示された児童は、指示された通りに、地図上の道をたどります。
③ 自宅までたどり着いたとき、"Stop! My house is on your left/right." と言います。ペアの相手は、"Oh, this is your house." と言います。
④ 役割を交代して、「自宅までの道案内」を行います。

編著者略歴

樋口　忠彦（ひぐち　ただひこ）

大阪教育大学卒業。大阪教育大学附属天王寺中・高等学校教諭、大阪教育大学助教授、近畿大学語学教育部教授等を歴任。専門は英語教育学。

日本児童英語教育学会（JASTEC）会長、英語授業研究学会会長を歴任し、現在、両学会の理事。（財）語学教育研究所評議員、（NPO）子どもの文化・教育研究所理事。

著書多数。小学校英語教育関係の著書に、『小学校からの外国語教育』（編著、研究社出版）、『小学校の英語教育』（共編著、KTC中央出版）、『児童が生き生き動く英語活動の進め方』（編著、教育出版）、『これからの小学校英語教育―理論と実践』（編著者代表、研究社）、『小学校英語教育の展開―よりよい英語活動への提言』（編著者代表、研究社）など。

小学校英語活動用教材、テキストに『Our World Book 1〜3』（編集主幹、Longman Asia, ELT）、『英語ではじめよう国際理解（全4巻）』（監修、学研教育出版）、『学研英語ノートパーフェクト（全4巻）』（監修、学研教育出版）など。

衣笠　知子（きぬがさ　ともこ）

大阪外国語大学大学院博士前期課程修了。同大学院博士後期課程単位取得退学。近畿大学語学教育部非常勤講師を経て、現在、園田学園女子大学人間教育学部准教授。衣笠英語教室主宰。専門は英語圏の伝承唄と伝承唄遊びの研究。

日本児童英語教育学会（JASTEC）運営委員。英語授業研究学会会員。

著書に『英語をはじめよう国際理解　第3巻―英語で歌おう』（学習研究社）、『園児の英語えほん "Hello English"』（ひかりのくに）、『Our World Book 1』（共著、Longman Asia, ELT）、『児童が生き生き動く英語活動の進め方』（分担執筆、教育出版）、『これからの小学校英語教育―理論と実践』（分担執筆、研究社）など。

執筆者

樋口　忠彦	（前近畿大学教授）	
衣笠　知子	（園田学園女子大学准教授、衣笠英語教室主宰）	
小川　恵子	（玉川学園小学部教諭）	
金山　敬	（ソフィア イングリッシュハウス主宰、京都外国語大学非常勤講師）	
橘堂　弘文	（京都ノートルダム女子大学教授）	

小学校英語活動アイディアバンク
ソング・ゲーム集

2004年2月13日　初版第1刷発行
2015年1月15日　初版第10刷発行

編著者	樋口　忠彦
	衣笠　知子
発行者	小林　一光
発行所	教育出版株式会社
	〒101-0051　東京都千代田区神田神保町2-10
	電話　（03）3238-6965　　振替　00190-1-107340

© T. Higuchi, T. Kinugasa, 2004
Printed in Japan
落丁本・乱丁本はお取替えいたします。

印刷　テンプリント
製本　上島製本

ISBN 978-4-316-80054-7 C3037